KB110527

한옥

차례
Contents

한옥에 대한 단상

십년을 경영하여 초로삼칸(草蘆三間) 지어내니

나 한칸 달 한칸에 청풍 한칸 맡겨두고

강산은 들일 데 없으니 둘러두고 보리라

겨울의 하루해는 유난히 짧다.

긴 그림자를 뒤세우고 휘청휘청 걸어가는 사이로 겨울바람
이 매섭게 쏘아댄다.

강둑 옆길로 길게 난 신작로를 걷는다.

반 년 만의 귀향이었다.

물리적인 시간으로야 육 개월이라지만 그에게는 육년 아니
그보다 더 긴 세월이었다. 대처에서 공부하다가 방학을 맞아

고향땅으로 돌아오는 길이었다.

아침 일찍 서울을 출발한 기차는 저녁 어스름 때 돼서야 조그만 시골 역에 그를 내려놓았다. 조그만 읍을 지나 인적 없는 시골길 30리를 걸어 고향집을 향한다. 그 옛날이야 탈것이 마땅찮아 시골길 30리는 당연히 걸어 다녔다.

옹기종기 모여앉아 이야기를 나누는 듯한 집들 사이로 저녁연기가 피어오른다.

노루꼬리처럼 짧은 겨울햇살이 산속으로 숨어버리고 얼마 안가 수묵처럼 어둠이 번져 신작로에서 보이는 조그만 집에서는 가느다란 등잔불이 켜진다. 그 집에는 오늘 하루 힘겨운 농사일을 마친 농부들이 군불 따끈하게 지핀 아랫목에서 편히 쉬고 있으리라.

외양간에는 느긋하게 되새김질하는 황소의 표정이 여유롭고 황소 코에서 새어나오는 콧김에서 겨울밤의 추위를 가늠한다. 가끔씩 정적을 깨려는 듯 개 짖는 소리가 적막을 깨운다. 겨울밤은 어두운 색만큼이나 매서운 바람에 더욱 한기를 느낀다. 그러나 꽁꽁 얼어붙은 이곳에서도 봄이 오면 따스운 햇빛이 땅속을 파고들어 꽃을 피우고 싹들은 무거운 흙덩이를 밀치고 얼굴을 내밀 것이다.

그를 반겨줄 가족들을 보고픈 마음에 반갑고 익숙하고 편안한 길을 묵묵히 헤쳐 나간다. 한 걸음 한 걸음 떼어서 걸어가야 할 자리를 채우지 않는 한은 어떤 기적도 일어날 수 없다.

하나둘씩 초롱초롱한 별들이 쏟아져 내린다. 대처에서는 밤

하늘에 별을 볼 수 없었는데 여기서는 별이 쏟아진다는 것을 실감한다.

어두워진 사위는 발을 내딛을 때마다 앞을 내준다. 도시의 때가 묻은 짐 가방이 무거운 줄도 모른다. 희미한 달빛 아래 저 멀리 고향 뒷산의 부드럽고 넉넉한 자태가 눈에 들어오기 시작한다.

해지고 서너 점 지난 시간이 돼서야 뒷산을 휘돌아 고향집 앞 삽짝에 이른다. 어릴 적 보던 바로 그 풍경들이다.

집 앞으로는 넓은 들을 두고 뒤로는 야트막한 산, 그 산 아래에 웅크리듯이 몸을 낮춘 고향집. 그가 태어났던 집이고 그를 키워준 집이다. 세월이 흘러 집은 비록 쇠락했지만 개의치 않는다. 여기에만 오면 세월을 훌쩍 넘어 예닐곱의 개구쟁이 소년으로 되돌아가곤 한다.

오밤중의 귀향을 이미 알고 있는 듯 빠끔 열어둔 문을 젖히고 안방으로 내닫는다.

인기척에 자다 깬 늙은 할미는 어린 손자를 힘껏 껴안는다.

내 새끼 노란 내 새끼.

푹 파진 할미의 젖무덤에 안긴 손자는 이른 아침부터 긴 여정 피로를 잊는다.

비로소 등잔불을 밝힌 할미는 손자의 얼굴을 다시 한번 훑어보곤 꺼칠한 두 손으로 그의 얼굴을 쓰다듬는다. 오랜만에 손자를 본 할아버지도 헛기침으로 손자에 대한 사랑을 표현한다. 그는 이제야 시장기를 느낀다.

부엌으로 달려간 늙은 할미는 손자를 위해 상을 차린다. 오래간만에 맛보는 할미의 솜씨다. 어떤 잔치음식이라도, 세상에서 제일 귀한 산해진미라도 이 맛만 못하다.

방안을 둘러본다. 어릴 적에는 그렇게 커 보이던 방이 점점 작아져가는 것 같다.

윗목에는 맹장지를 바른 분합문, 아랫목에는 조그만 유리창을 내둔 머름 위의 여닫이, 구들의 온기에 까맣게 타버린 늙은 장판바닥, 할미가 시집올 때 해왔다던 오랜 장롱, 다음 제사를 위해 담가둔 술독과 아랫목의 메주냄새 ……. 이 모두가 고향집 풍경이고 냄새이다.

바깥에는 겨울의 매서운 북풍이 몰아치지만 따뜻한 아랫목에 할미와 나란히 누운 손자는 이내 깊은 잠 속으로 빠져든다. 고향집에는 언제나 아련한 추억과 잃어버린 어린 시절이 그대로 남아있었다.

한옥의 역사

인간이 건축공간을 창조하는 목적은 자연이나 맹수 등의
외부공격으로부터 자기 자신을 보호하고자 하는 것이었다. 그
리고 바로 이러한 은신처를 만듦으로 해서 집이라는 구조체가
생겨나기 시작했다. 따라서 집의 역사는 인간이 지구상에 살
기 시작할 때부터 시작되었다고 볼 수 있다.

또한 인간이 동물과 다른 것은 어떤 일을 할 때 도구를 사
용한다는 것인데, 어떠한 재료를 사용해서 도구를 만들었나에
따라 인류의 시대는 석기시대, 청동기시대, 철기시대로 구분
된다.

일반적으로 인류의 역사는 구석기시대부터 시작되었다고

찌는 듯한 더운 날에도 대청 뒤의 바라지창을 열면 맞바람이 불어와 더위를 피할 수 있다. 깔깔한 모시한복을 입고 화문석 자리 위에 목침을 베고 누우면 신선이 따로 없다.

한다. 구석기시대의 인간들은 동굴이나 바위틈 등 자연적으로 만들어진 공간을 이용하여 생활하였는데, 이처럼 당시에는 인간이 어떤 목적을 가지고 노동력을 제공하여 살 수 있는 공간을 만들지 않았기 때문에 엄밀한 의미에서의 건축행위가 이루어졌다고 보기는 어렵다.

그러나 신석기시대로 들어서면서 인간은 열매를 따먹고 물고기를 잡아먹던 채집경제를 넘어 농사를 짓고 한 곳에 정착하여 그들 스스로의 노력으로 집을 짓고 살기 시작했다. 물론 이전의 동굴주거 등도 계속 유지되기는 하였으나 대개는 땅속에 움집을 짓고 살았다.

움집은 지면을 파 만든 구덩이의 중앙에 간단하게 기둥을 세우고 서까래를 원추형으로 세운 다음, 그 위에 잔 나뭇가지나 풀 등으로 지붕을 덮어 만든 주거형태이다. 당시의 움집은 기능별 공간이 구분되지 않았기 때문에 사람들은 내부의 가운데 바닥을 둥글게 파고 불을 피워 음식물을 익혀 먹었다. 이때 사람들은 불이 주위로 번지는 것을 막기 위해 냇돌을 둘렀는데 냇돌이 열을 받은 후에는 어느 정도의 시간 동안 뜨거운

집을 의미하는 '家'자는 집안의 돼지를 의미하는 것이다. 옛날에는 뱀이 자주 침입하여 뱀의 천적인 돼지를 집에 키워 이를 막으려 했는데 이런 의미에서 '家'가 생겨났다고 한다.

상태가 지속되는 것을 알았다. 이것이 바로 온돌의 시작이다.

농경의 시작은 신석기시대부터인데, 한반도의 경우에는 신석기시대 말기에 시작되어 청동기시대에 이르러서 본격화되었다. 농사를 짓게 되자 이에 따라 수확한 농산물을 보관할 수 있는 공간도 필요하게 되었다. 따라서 주거면적은 전 시대에 비해 커지면서 형태도 원형에서 장방형으로 변화한다. 이는 신석기시대의 원형주거지가 단일기능을 가진 데 비해 청동기시대에는 기능별 분화가 이루어졌을 것이란 추측을 가능하게

한다. 이 시대의 주거형태로는 신석기시대와 마찬가지로 움집이 주종을 이루지만 화덕은 난방과 취사용으로 분리하여 하나는 벽에 붙여 설치하였다. 움집에 초석이 나타나는 것은 곧 땅위에 집을 짓는 지상주거의 출현을 예고하는 것이다.

신석기시대의 주거지들은 주로 강이나 하천에서 가까운 곳에 작은 무리를 짓고 있는 것에 비해 청동기시대의 주거지는 집단적으로 마을을 이루면서 뒤에는 산을 두고 앞으로는 들을 둔 낮은 야산에 자리 잡고 있다. 주거평면의 규모도 대형화되면서 다양해졌고 한 곳에 10여 채에서 많게는 100여 채 이상의 집들이 모여 취락을 이루게 되는데, 이것으로 청동기시대인들은 큰 마을을 이루면서 한 곳에 모여 지속적으로 살았음을 알 수 있다.

농사 역시 그전까지의 원시적인 단계에서 벗어나 청동기시대에는 본격적인 농경생활이 시작되었다. 농경은 동시에 많은 노동력을 필요로 하는 것이기 때문에 이때부터 모듬살이가 시작되었으며, 이렇게 여럿이 모여 살다보니 자연히 힘센 무리가 생겨나게 되고 계급이 발생하였다. 당시 지배세력의 무덤이었던 고인돌로 신분계층의 분화를 짐작할 수 있다.

철기시대에 이르러 보급된 철기는 농업생산력의 엄청난 증대를 가져왔다. 전 시대의 철기는 귀족계급의 신분과시용으로 일부에게서만 사용되었으나, 점차 농사에 철기를 사용하기 시작하자 농업생산력이 엄청나게 증대되었다. 이러한 생산력의 증대로 사유재산이 늘어났고 잉여농산물이 생겼는데, 이는 결국 빈부 및 신분의 격차가 생기게 되는 계기가 되었다. 농업생산력과 신분제도를 바탕으로 국가가 생겨난 때 역시 바로 이 시기이다.

이 시대의 다양한 주거형태는 중국의 기록에 잘 나타나 있다. 중국의 『후한서 後漢書』 동이전(東夷傳) 읍루조(挹婁條)에 보면 "이곳 사람들은 산림간에 살았는데 기후가 매우 추워 보통 움집을 짓고 산다. 움집의 깊이가 깊을수록 귀하게 생각했고 큰 집은 아홉 단의 사다리를 내려간다."라고 적혀있고 같은 책 한조(韓條)에는 "토실을 짓고 사는데 그 모습이 흡사 무덤과 같고 창호가 위에 설치되어 있다."라는 기록이 남아있는 것으로 보아 당시에도 움집이 여전히 사용되고 있었음을 알 수 있다.

동이전 변진(辨辰)조에 남아있는 "이곳 사람들은 집을 짓는데 나무를 옆으로 쌓아 감옥처럼 보인다."라는 기록은 귀틀집을 말하는 것으로 생각된다. 또 진서(晋書)에서는 이곳 사람들이 사는 모습을 "여름에는 소거(巢居), 겨울에는 혈처(穴處)"라고 적었는데 이는 겨울에는 움집에서 살았고 여름에는 원두막과 같은 고상식 주거에서 생활했던 당시 사람들을 묘사한 것으로 생각된다.

온돌과 마루의 존재가 확실해지는 것은 삼국시대로 생각되는데, 당시의 벽화나 기록 또는 가형토기를 살펴보면 이를 확인할 수 있다. 특히 고구려시대의 무덤벽화를 보면 주택에서 주거공간, 작업공간 등의 완전한 기능분화가 이루어졌음이 나타난다. 가난한 사람들은 긴 겨울을 나기 위해 장갱(長坑, 긴 구덩이로 온돌의 원시적인 형태)을 만들고 그것에 불을 때서 겨울을 지냈다는 기록이나 당시 발굴된 유구 등에서 지금과 같은 구조의 온돌이 존재했음을 확인할 수 있다. 또한 위서(魏書)에는 "큰 창고가 없고 집집에는 작은 창고를 두고 있는데 이를 부경이라 한다."라고 하였고, 다른 기록에는 "나무를 쌓아 루를 만들었다."라고 나타나 있는 것으로 보아 다락식의 주거구조를 추측할 수 있는데, 이는 출토된 가형토기에서도 확인된다. 이처럼 온돌을 사용하였다는 것과 다락집도 있었다는 것이 이 시대 주거형태의 특징이라 할 수 있겠다.

더불어 무덤에 묻힌 자들을 그린 벽화를 보면 당시 사람들이 평상, 의자, 탁자들을 사용한 입식생활을 했고 실내에서는 휘장을 치고 생활한 것을 알 수 있다. 『삼국사기』의 옥사조(屋舍條)를 보면 신분에 따라 진골(眞骨), 육두품(六頭品), 오두품(五頭品), 사두품(四頭品)에서 백성에 이르기까지 네 개의 등급이 나누어지고 가옥의 규모나 기단, 공포의 구조, 지붕구조, 기와종류, 실내장식 등의 가사제한이 명시되어 있는데, 주택의 구조는 목조가구를 위주로 하였고 공포, 부연, 단청, 장식기와를 사용하였으며 금, 은, 동 등의 금속재료도 부연, 현어, 치미 등의 장식에 재료로 사용되었음을 알 수 있다.

통일신라시대에는 불교의 융성과 더불어 목조건축기술이 발달되었고, 이에 따라 주거건축의 양상도 크게 발전하였다. 특히 산업과 도시의 발달로 귀족들이 호화로운 생활을 하였음을 엿볼 수 있는데, 경주에는 기와집이 즐비하고 숯으로 밥을 지었으며 노랫소리가 그치지 않았고 지나친 사치를 막기 위해 계급별로 규제를 하였다는 『삼국사기』의 기록이 이를 뒷받침하고 있다.

살림집에서는 온돌이 일반적으로 널리 보급되어 사용되는 등 한국 건축의 형식이 완성된 시기라고 볼 수 있는 것은 고려시대이다. 고려의 주택으로는 충남 아산의 맹씨행단이 남아 있는데 이는 우리나라 살림집 가운데 가장 오래 된 집으로 중앙 2칸은 대청이고 양측 칸이 온돌방이다. 큰방과 골방은 여닫이가 달려있어 서로 통할 수 있도록 되어 있고 대청 앞쪽으로는 분합문이 있으며 뒤쪽으로는 두 쌍의 널문이 있어 앞뒤가 통하게 하였다.

조선시대의 주택으로는 지금까지 남아있는 집들이 많아 쉽게 그 당시의 집의 구조나 형태를 알 수 있다. 조선시대에는 문반과 무반을 총칭하는 양반계급과 이들에 밀착하여 일정한 세습적인 전문직업을 가진 중인계급, 그 밑으로 농업 등 생업에 종사하는 상민계급과 천민계급이 있었다. 당시의 양반계층을 사대부라고도 하는데 사대부는 공부하는 사(士)와 정치를 담당하는 대부(大夫)의 복합어로서 공부와 정치를 겸한 사람을 뜻한다.

주택의 종류는 집주인의 신분 및 사회적, 경제적인 능력에 따라 크게 양반주택과 서민주택으로 나눌 수 있다. 일반적으로 양반들이 거주하는 상류주거를 반가(班家)라고 하고 일반 서민들이 살았던 집을 민가(民家)라 한다. 당시 상류계층인 양반들이 거주했던 양반주택은 유교적인 이념과 생활을 실천할 수 있는 장소로 신분에 걸맞은 권위를 표현하고 있다. 이들은 집터를 고르거나 집을 지을 때 민간에 뿌리내렸던 음양오행설과 풍수·도참사상을 적극 고려하였다. 또한 선비로서의 지위를 지키기 위해서는 경제적인 뒷받침이 전제되어야 하므로, 집이 들어갈 수 있는 가용지 조건으로 지리, 생리, 인심, 산수를 든다. 이 중 지리와 산수는 자연적, 지형적 조건이며 생리는 경제적, 인심은 사회적 조건으로 볼 수 있다. 즉 그들은 최소한 의식생활을 유지할 수 있는 곳에 터를 잡아 생활하였던 것이다.

조선에는 엄격한 신분제도가 있었는데 이것이 민가형성에 끼친 영향은 실로 막대하였다. 양반·중인·상민·천민으로 나뉘는 신분구별은 집을 짓는 데 그 크기나 장식의 제한과도 관련이 있었다.

조선의 가사규제는 크게 집터의 크기제한과 집 자체의 크기제한으로 나누어진다. 일례로 태조 이성계는 한양에 새로 집을 지을 사람들의 집터를 나누어 주게 되었다. 그러나 한양의 크기는 한정되어 있는 데 비해 나누어 주어야 할 사람은 많았으므로 정1품은 35부(負)로 하고 이하 5부씩 차등감소하여 6품은 10부, 서민들은 2부로 한정하였다.

집 규모의 제한은 칸수의 제한과 이에 따른 부재의 척수제한인데 친자(親子)와 친형제·공주는 50칸, 대군은 여기서 10

칸을 가하도록 하고, 2품 이상은 40칸, 3품 이하는 30칸, 서인은 10칸을 넘지 못하도록 하였다. 주초(柱礎) 말고는 다듬은 돌을 쓰지 못했고 단청을 금했다. 그러나 칸이라는 것은 기둥과 기둥 사이의 길이, 즉 네 기둥 안의 면적이므로 척수가 일정한 것이 아니었다. 예를 들어 조선 중기 이후의 건축물들을 살펴보면 궁궐은 대개 1칸이 12척 내외, 양반가는 8척 내외, 서민가는 7척 내외가 1칸이었고, 또 같은 계급의 같은 집에서도 그때그때 편의대로 1칸의 크기를 달리하였다. 따라서 칸수 제정이 실질적인 규제는 될 수 없었기 때문에 세종 22년에 다시 부재의 치수가 정해졌다. 그러나 조선왕조 500여 년 동안 이러한 가사규제는 잘 지켜지지 않았다.

상류주거인 양반집의 기본구성은 남자를 위한 사랑채를 밖에 두고 그 뒤쪽으로는 여자들의 공간인 안채를, 사랑채 앞으로는 대문채와 연이어 그 집의 가사노동을 전담한 하인들을 위한 행랑채를 두었다. 행랑채도 바깥 행랑채에는 제일 낮은 행랑인들이, 중문간 행랑채는 보다 높은 행랑인들이 기거하였다. 또한 집안 대소사를 관장하는 행랑인의 총수인 청지기는 사랑채와 가까운 청지기청 또는 청지기방에서 기거하며 수시로 주인의 부름에 따라 밑의 사람을 부렸다. 안채의 안방마님 주위에는 유모, 침모, 찬모들이 기거하면서 밑의 행랑어멈, 반빗아치들을 통솔하였다. 한편 외거노비들은 집에서 묵는 솔거노비들과는 달리 아침에 들어와 일을 하고 저녁에는 나가서 생활하는 등 바깥에 집을 따로 마련하였다. 이러한 외거노비의 집을 가랍집 또는 호지집이라 하였다.

조선왕조의 문물제도가 정비되고 고려조적인 불교사회가 유교사회로 대체되는 과도기는 15세기이다. 고려조적인 성격을 밑바닥에 깔고 그 위에 유교를 지도이념으로 하는 조선왕조는 정책적으로 숭유억불책을 강력히 실시하였으며, 새로운 지배세력인 신흥사대부가 사회를 영도해 가면서 주자학적 실천윤리를 솔선수범했다. 하지만 아직까지도 삼년상과 가례와 소학대로 생활하는 계층은 소수의 사대부에 불과했다. 심지어는 사대부 가정의 관혼상제에서도 불교적인 의식이 남아있었으며, 조상에 대한 제사도 자식들이 번갈아 지내거나 재산상속에 있어서도 모든 자녀에게 똑같이 상속하는 자녀균분상속제가 지켜지고 있었다.

조선 중기 이후에는 숭유억불정책이 자리를 잡아 감에 따라 주택 내에 가묘를 두기 시작했고 이에 따라 주거공간 내에 산사람과 죽은 사람의 공간이 생기게 되었다. 이 가묘제가 점차 일반화되어 중인계급 이상에서는 별도로 사당을 건축하고 신위를 모시게 되었다. 일반적으로는 집의 제일 높은 곳에 조상을 위한 사당채를 두었는데 간혹 누마루를 둔 정자를 집안에 둔 경우도 있었다.

다시 말해 주자가례대로 관혼상제가 향촌사회에 일반화되고 사당을 둔다거나 남녀의 엄격한 질서가 나타나는 것은 16세기 이후이다. 이 시기의 집들은 채로 동을 분리하고 각 채는 방과 마루를 둔 칸으로 나뉘어 각각 마당을 두고 독립된 생활

영역을 확보하고 있다. 이런 형태가 자리 잡은 이유로는 많은 가족이 거처한다는 것 외에도 유교질서의 구현을 들 수 있다. 다시 말해 남자와 여자는 각기 기치하는 곳을 분리하고, 나이 많은 사람과 젊은이 역시 구분하며 죽은 조상과 산 후손을 구분하기 위한 방법이기도 했던 것이다.

조선 중기는 성리학이 우리 사회에 완전히 정착된 시기로 가정 안에서 남자들의 역할이 커져 사랑채가 확대되고 권위적인 장식요소를 두기도 하는 등의 특징을 보인다. 그러나 조선 후기에 양반제가 무너지기 시작하고 상업자본이 들어서기 시작하면서 새로운 부농이 생기기 시작한다. 그리고 그들은 그때까지 가졌던 양반에 대한 반감으로, 과시적이고 장식적이지만 실용적인 주거문화를 만들어 나간다. 반면 일반 서민들이 살던 민가는 대개 한두 채 정도의 단출한 구성을 보인다.

민가의 가장 기본적인 평면은 '一'자 형식으로 '부엌+방+방'의 3칸이 기본구조이다. 즉 흔히 우리가 알고 있는 '초가삼칸'은 최소한의 조건만 갖춘 집을 일컫는 것이다.

목구조로 만들어진 주택은 집의 측면인 보방향이 아닌 정면 도리방향으로 필요에 따라 증축하여 3량 구조에 전면이 3칸 내지 4칸 규모인 것이 일반적이다. 'ㄱ'자 형식은 정면이 3칸이나 4칸이 되고 퇴칸이 방 앞으로 연결되어 일렬공간배치에서 직각으로 방이 연결되는 형식이다. 'ㄱ'자 형식의 방과 대청의 배치는 중부지방과 서울에서 많이 볼 수 있는데, 이는 사회적 환경의 지배를 받아 의도적으로 구성된 것이라 볼 수 있다. 한정된 대지 위에 식구가 늘어나고 가재도구가 쌓이는 환경을 수용하다보니 'ㄱ'자로 굽은 배치형태가 된 것이다.

이에 반해 'ㄷ'자 형식의 민가는 비록 일반적인 형태는 아니나 서울의 경우 좁은 대지에 많은 기능을 수용하기 위해 지어진 집이다. 'ㅁ'자 형식의 민가는 가운데 마당을 중심으로 여러 기능이 모여 있는 집의 형태로 일반 서민들의 집보다는 중상류 이상의 집에서 볼 수 있다. 초가집의 경우는 똬리를 틀 듯이 만들었다 해서 또아리집이라고 불린다.

'전(田)'자 형식의 집은 함경도와 강원도 태백산맥 일대와 전라도 지역, 제주도 지역에서 나타난다. 추운 지방의 주택형식이므로 집중형인 평면구성이 될 수밖에 없었는데, 특히 두껍게 만든 벽과 작게 낸 창으로 인해 일조와 일사에 불리하여 어둡고 통풍이 원만하지 못한 내부공간으로 구성되어 있다는 것, 따라서 각 방의 독립성이 없이 자연조건에만 치중하여 만들어졌다는 것이 특징이다.

민가의 주택구조는 방의 연결상태에 따라 각 방들이 한 줄로 연결된 외통집과 두 줄로 배치된 양통집으로 구분하기도 한다. 또한 재료에 따라 기와를 이은 기와집, 짚으로 엮은 초가집, 논농사가 많지 않은 제주도에서는 벼가 귀해 볏짚 대신 새를 사용한 샛집, 강원도 화전민 주거인 참나무를 기와크기로 쪼아 올린 너와집, 상수리나무나 참나무 껍질을 사용한 굴피집, 마 껍질을 벗겨 지붕재료로 쓴 겨릅집, 지붕을 억새나 갈대로 덮은 띠집, 화전민들의 임시거처로 만든 귀틀집, 울릉

도에서 볼 수 있는 투막집, 통나무를 뿌리와 가지를 제거한 후 우물 모양(井)으로 쌓아올려 벽체를 만든 후 그 틈새를 진흙으로 막은 귀틀집 등등으로 구분되기도 한다.

현재 남아 있는 민가의 대부분은 18~19세기의 것으로, 오랜 동안 이러한 형태로 만들어진 집들이 주를 이루었으나 조선말 개항과 더불어 일제시대가 시작되면서 개량한옥이라는 새로운 형태가 나타나기 시작한다. 붉은 기와와 벽돌, 유리, 슬레이트 등의 자재가 도입된 것이 이 시기이다. 그러나 이러한 재료들은 당시 집 짓는 사람들이 개인적인 취향에 따라 사용했기 때문에 우리의 한옥에 바로 사용된 것은 아니었다.

신분제도가 사회를 지배했던 조선시대가 끝나면서 그전까

산 속에 위치한 집들은 외부의 기후나 맹수들로부터 자신을 보호하기 위하여 폐쇄된 평면형태를 취한다. '까치구멍집'으로 불리는 이 집은 경상북도나 강원도 산간지방에서 주로 볼 수 있는 형태로 집 안의 환기, 통풍, 배연을 위해 지붕에 구멍을 두는 등 환경에 적응하는 우리 조상들의 슬기를 엿볼 수 있다.

지는 일반 서민들이 쓸 수 없었던 솟을대문이나 부연을 단 이중 서까래의 겹처마집이 지어지는 경우도 있었다. 또 다른 형태로 한옥과 일본식 주택의 절충형식이 나타나기도 하는데, 이는 당시 피지배국가로서 선진문물인 일본식 주택을 지어 일본지배계급으로의 편입을 갈망하는 친일계급에 의해 주도되었다. 당시에는 주생활 개선 및 주택개량운동이 활발하였기 때문에 주방과 화장실의 환기, 채광 등의 설비상의 문제점과 주부들의 동선의 편리를 위한 집중식 평면이 되어야 한다는 개선안이 나오기도 하였다. 다시 말해 변화하는 사회상황이 우리들의 생활패턴을 바꾸고 주택공간을 바꾸게 된 것이다.

한옥의 특성

  우리 선조들이 생각하던 이상적인 주거조건으로서의 한옥은 인간이 살기 위한 1차적인 주거의 개념이라기보다는 자연 속의 선경에 어울려 있는 자연 그대로의 모습이었다. 이는 농본문화적인 특성을 가진 선조들이 자연과의 조화를 최고의 이상으로 삼았기 때문이다. 따라서 이러한 의식을 가지고 지었던 한옥은 조상들의 생각을 그대로 반영하고 있다.

  우리 조상들은 뒤로는 산을 등지고 앞으로는 개울물이 흐르며 건너 안산의 기운이 마을 앞 고목사이로 은은히 비치는 곳에 집을 지었다. 그러한 곳이라면 공기 맑고 계절 따라 물소리, 새소리, 바람소리, 나뭇잎소리들이 인간의 정서를 돋울 뿐 아니라 자연경관을 음미할 수 있는 더없이 좋은 조건이 될 것

논농사를 주로 하는 곳에서는 쉽게 구할 수 있는 볏짚을 이용하여 초가를 지었지만, 산간마을에서는 산에서 쉽게 구할 수 있는 참나무을 이용하여 너와집이나 굴피집을 지었다.

이기 때문이었다. 자연은 인간의 대상물이 아니라 우리가 소속되어 있는 우주질서이고, 생명의 모태이자 죽음의 회기점이다. 이런 점에서 보면 '자연과의 조화'라는 테마는 모든 철학과 예술의 기본정신이라 해도 과언이 아닐 것이다.

자연을 관조하며 그곳에서 생의 유연함을 배웠던 한국인들은 집을 지을 때 반드시 주위의 환경요소와 어울리도록 집의 좌향을 잡고 결코 사치스럽거나 궁색스럽지 않은 단정한 집을 지었다. 결국 이런 지형에 맞는 집의 형태는 뒤로 겹겹이 둘러싸인 산들 및 앞으로 펼쳐진 넓은 평야와 어울리는 아담한 형태가 될 수밖에 없는데, 주위의 경관요소를 거르지 않는 곳에 집을 짓되 그곳에서 나오는 재료를 사용하여 그 곳의 지세에 맞는 형태의 것이 되도록 하였다. 그럼으로써 집 주위에 산재해 있는 바람, 들, 풀 그리고 하늘을 포함한 모든 자연요소를 집안으로 끌어들였다. 즉 자연과 집, 그리고 그 안에서 생활하는 인간이 일체감을 갖는 하나의 완벽한 이상체를 구현하였던 것이다.

따라서 한옥은 작위가 가해지지 않은 상태의, 부드럽고 고요하며 티 없이 맑은 순백색의 은근한 멋을 풍긴다. 우리는 이러한 체험을 분석적인 경험보다는 직감적으로 느끼고 있다. 한옥은 담백하고 소박한 가운데에도 기품을 자아내게 하고 단순함속에서도 조화를 찾아볼 수 있는 무궁한 품격을 가지고 있기 때문이다.

우리 한옥의 선은 유연성을 가지는 것이 특징이다. 초가의 선은 뒷산의 모양을 닮았고 기와의 선은 양끝을 잡은 상태에서 자연스럽게 늘어진 새끼줄의 선을 표현한다. 그리고 처마는 후림과 조로를 두고 용마루의 가운데를 처지게 하여 자연스러운 형태를 나타낸다. 이렇듯 한옥의 선은 유연성을 가지는 것이 특징이다.

군자들은 산이 높으면 정자를 짓고, 땅이 깊은 곳은 파서 연못을 만들었으며, 그들의 이상세계인 이념적 자연과 그 자연을 즐기는 자신들의 흥취를 의미하는 섬을 연못 가운데에 만들었는데, 이를 봉래선산(蓬萊仙山)이라 했다. 봉래산과 그 곁에 늘어선 정자는 바람이 불 때마다 울렁이는 물결에 자기의 그림자를 드리우고, 먼 산의 구름이 머물다 가면 또 다른 산수화를 그려낸다. 그러나 바람은 지나간 자취를 남기지 않아 바람이 멎으면 다시 원래의 모습으로 되돌아온다.

이곳에 지은 정자는 세상을 밑으로 내려 깔지도 않고 그렇다고 위로 섬기지도 않는다. 정자는 치열한 현실세계를 한걸음 비켜난 사색의 공간이고 풍류의 공간일 뿐 아니라 도학과 문학을 겸비한 선비들의 활동공간으로, 집주위의 넓고 트인 자연을 집안으로 받아들이는 곳이었다. 자연풍광 속에 정자가 있고 그곳에 머물면서 즐기는 사람이 있을 때에 주변의 자연은 어느덧 정원으로 탈바꿈하게 된다. 이러한 정자는 눈, 비만 겨우 가릴 수 있는 지붕과 최소한의 역학적인 기능을 가지고 있는 기둥을 제외한 나머지는 전부 열린 공간이다. 따라서 건축공간이라는 것이 자연과 격리되고 단절되는 공간인 데 비해서 정자는 자연을 끌어들이는 개방적인 공간으로 자연과 하나가 되려는 우리의 생각을 담고 있는 것이다. 가장 작은 기능을 가진 정자가 가장 큰 자연을 담고 있는 것이다.

바람소리, 물소리가 어우러진 그윽하고 고색창연한 자태는 날아갈 듯 날렵하고, 기둥에는 선비들의 풍류를 주련에 달았다. 자연경관을 감상하면서 풍류를 즐기고 심신을 수양하는 선비들이 마음에 맞는 벗과 이야기를 나누기도 하는 공간이 바로 이곳이었다.

또한 한옥에서는 주위의 자연을 자신의 삶 속으로 끌어들여 여유롭게 살아갔던 옛사람의 지혜를 만날 수 있다.

볕바른 집터에는 수목을 심어 그늘을 취하고 볕이 넉넉하지 못한 곳에는 화목을 심어 밝게 하였다. 봄에는 동백과 진달래, 개나리가 좋고 그것들이 지고 나면 봉긋한 목련이 자태를 드러낸다. 정자 부근엔 앞개울의 물을 끌어들이고 뒷동산의 새를 불러 삶의 이치를 깨닫는 것을 인생의 보람이라고 생각하였다. 그래서 정자가 있고 연못이 있는 곳에서는 밖에서 쳐다보는 것보다 안에서 밖을 내다보는 풍경이 더 흥취가 있다. 먼동이 틀 때는 앞산이 꿈꾸는 듯한 표정으로 영감에 찬 신비스러움을 나타내고, 석양이 질 때면 주위의 풍경과 어우러져 한 폭의 풍경화를 그려낸다.

이처럼 정자에 앉으면 주위 자연을 자기 것으로 끌어당기는 힘을 느낄 수 있다. 이러한 곳에서 어디에도 모나지 않은 풍성한 마음가짐으로 자연 속에서 굳게 계승시켜온 우리들의 정신이 우러나오고 있는 것이다. 곧 자연을 살리고 인공을 겸양하는 정신이 한옥에는 깊게 배어 있는 것이다.

대상을 강렬하게 드러내 보이려는 의지보다는 자연과의 조화를 추구하며 평범함 가운데서도 숨겨진 질서의 미를 발견할 수 있는 멋과 깊이가 한옥에는 간직되어 있고, 부드럽고 조용하여 때론 적막할 정도의 단순함도 느낄 수 있다. 특출함이 없는 평이함의 미학, 인위적인 꾸밈이 드러나지 않은 자연스러운 미학, 대자연의 질서를 느낄 수 있도록 절제된 형과 화려하지 않은 색, 간결한 선의 유기적 통일에 의한 구성미학, 인위를 거부하는 소박함, 조용한 가운데서 깊은 의미를 추구하는 미학이 있다고 볼 수 있다. 결국 우리의 한옥에는 자연의 질서에 순응하고 융화하려는 본질이 있는 것이다.

조선시대의 정신세계와 생활양식을 지배했던 유교는 한옥의 색깔을 입히는 데에도 영향을 미쳐, 인간적인 감정을 멀리하고 인격, 형식, 규범을 중요시하여 색을 도입하는 것을 되도록 꺼렸다.

　집의 바닥에는 온돌을 깔고 벽은 토벽으로 치고 실내는 벽지나 장판지로 마감하며 문은 한지로 발랐는데, 대개는 문양이 없는 무채색이 주조를 이루었다. 즉 재료 자체에서 오는 자연스러움만 있을 뿐 기교가 넘치는 장식을 찾기는 어렵다. 따라서 한눈에 마음을 사로잡기는 어렵지만 오래도록 보아도 싫증나지 않고 언제 보아도 정겹고 편안한 공간이 되며 그 속에는 화려한 장식을 과시하려는 욕심이 없는 담백함과 순수함을 나타내는, 꼭 필요한 기능과 장식만을 갖춘 겸손한 공간이 한

한옥은 거주하는 사람의 신분이나 성에 따라 사용하는 공간을 구분하는 유교적 가르침을 표현하고 있다. 집안에 정자를 짓고 연못을 파서 자연을 닮고자 하는 우리의 마음을 담아두고 있다. 경북 달성의 삼가헌.

옥이다.

이러한 특징은 의복에서도 잘 나타나는데 우리를 일컬어 백의민족이란 이유가 여기에서 연유된 듯싶다. '아주 깨끗하다'는 의미의 순백이라는 용어나, 백색을 상징하는 학이 동시에 고귀함이나 선함을 상징한다는 사실에서도 백색에 대한 우리 민족의 지향성을 엿볼 수 있다. 이처럼 소박성은 곧 자신을 드러내거나 남의 눈에 띄고자 하는 욕망이 배제된, 순수하고 겸허함이다.

한옥의 내부구조를 보면, 바닥과 벽은 면의 공간이고 문은 선의 공간으로 면과 선이 강하게 대조를 이루고 있다. 문의 문양으로는 정(井)자살이나 아(亞)자살, 용(用)자살, 띠살, 완자살처럼 단순하면서도 아기자기한 것이 주로 사용되었고 방과 방 사이의 미닫이나 사랑채에는 창살이 넓은 범살을, 크기가 작은 문에서는 문살간격이 좁은 세살이 주로 사용되었다. 문이나 창은 자연의 공간과 인간의 공간을 경계 짓고 나누는 기능을 하면서 자연의 풍요로움을 내부 깊숙한 곳까지 받아들이는 곳이며, 이곳으로 통하는 햇빛이나 달빛이 이 문의 문양을 통해 방안에 시각적인 운치를 제공하기도 한다. 더구나 문의 종이를 바를 때에는 국화꽃잎을 넣어 겨울밤이 깊어갈 때에는 이 국화꽃잎 냄새가 방안에 은은하게 퍼지고 문을 통해 밖의 바람소리를 안에서도 들을 수 있으니 시각, 청각, 후각, 촉각을 동시에 느낄 수 있다. 문과 창을 닫은 상태에서는 바닥과 벽, 천정의 아득한 공간감을 느낄 수 있지만 문을 열어젖히면 밖의 풍경이 방안으로 들어와, 앞의 안산의 자태와 집 앞에 늘어진 나뭇가지 그리고 마당 담장 밑에 난 풀잎들을 방 안에서도 볼 수 있어 하나의 풍경화를 연상시킨다.

한옥의 안채, 사랑채, 행랑채는 마당을 통해 연결되고, 사랑마당과 안마당은 개방성과 폐쇄성을 유지하기 위해 각기 다른 구성을 하고 있다. 사랑마당은 외부와 근접하여 접근이 용이하고 담이나 채로 둘러싸여 개방성을 띠고 있으나, 안마당은 외부로부터 멀고 채로 둘러싸여 있어 폐쇄적으로 구성되어 있다.

지금이야 마당에 나무를 심고 정원을 꾸미지만 원래 마당에 대한 우리 선조들의 전통적인 생각은 '비어있는 공간'으로, 마당 가운데 나무를 심는 것을 피했다.

그러나 '비어있다'는 것은 모든 것을 수용할 수 있다는 의미를 내포하고 있다. 이러한 생각은 채워진 공간보다는 비어있는 공간, 즉 여백의 공간이 더 많아 공간을 여유롭게 한다는 이야기가 된다. 이는 분명히 서양의 그것과 확연히 다르고, 같은 동양이라 해도 화려한 중국의 공간이나 인공적인 일본의 공간과는 다른 한국만의 독특한 특성으로, 고요함 가운데서 생명력을, 겸허한 가운데서도 세련됨을 읽을 수 있는 한옥의 특징이다. 즉 한국의 자연경관이 과다한 기교를 부린 적이 없듯이 우리의 공간 역시 이러한 자연의 순리에서 벗어남 없이 기교를 보이지 않는 고고한 소박성을 나타내고 있는 것이다.

서양에서의 중정이라는 개념과는 달리 우리의 마당은 생활 공간의 연장이었다. 곡식을 거두어 말리고 타작하는 공간이 주로 사랑마당인 데 비해, 잔치가 이루어지는 공간은 이곳이며 결혼 혹은 상례 등의 집안 대소사도 거의 마당에서 이루어 졌다. 또한 이웃들이 모여 어울리는 교유의 장소이자 놀이공간, 그리고 곡식을 담아두는 수장공간이기도 했던 곳이 마당이었다.

　자연의 운치라고 하면 마당의 경계 너머에 광활하게 펼쳐져있는 대자연의 풍광만한 것이 없을 것이다. 그래서 선조들은 이러한 수려한 풍경을 정원의 일부로 생각하고 대자연의 법도를 생각하고 마음으로 느끼면서 자연의 운치를 집안으로 끌어들였는데, 이를 차경(借景)이라 했다.

　집이란 인간에게 삶의 터를 제공하면서 자연 환경요소에 대해 적응 및 대응하는 독특한 형식을 가지고 있다.

　한반도의 기후는 대륙성 기후와 해양성 기후의 두 가지 요소를 가진 중간성 기후로 각 지역마다 풍토성이 서로 다르기에 다양한 주거문화가 형성되었다. 그러나 사계절이 분명하면서도 춥고 긴 겨울과 무더운 여름을 가졌기 때문에 일찍부터 이들 기후에 대처하는 난방법과 피서법을 찾아야만 했다.

　세계 어느 나라든 그것이 지상의 주거였다면 바닥은 맨바닥이었을 것이다. 한국의 경우도 마찬가지여서 추운 북쪽에서는 맨바닥 집이, 더운 남쪽에서는 마루를 깐 집이 서로 다른 배경을 두고 발전하였다. 지형적인 특성, 즉 반도라는 특성은 대륙적 요소와 해양적인 요소가 같이 자리 잡을 수 있는 조건이 된다. 따라서 한반도의 가옥은 옛날부터 더위와 추위에 적응할 수 있는 구조, 즉 마루와 온돌을 가지게 되었다.

마루와 온돌이 한국 주거의 특징이라는 것은 곧, 이 요소들이 한반도 기후에 가장 적합한 기능을 가지고 있다는 이야기이다. 지반면에서 떨어져 나무로 만든 공간

우리 한옥에는 마당에 정원을 일부러 꾸미지 않는다. 문만 열면 밖으로 보이는 모든 환경요소들이 바로 정원이 되기 때문이다. 방과 벽 그리고 천정이 이루는 면(面)의 공간과 밖의 광경은 대조를 이루면서 한 폭의 풍경화를 연출한다.

을 가지고 있는 '마루'라는 것은 바닥면의 습기나 바람이 통하게 하는 구조이고, 구들 고래를 만들고 구들장을 놓아 아궁이에서 불을 땔 열기로 구들을 데워 온기를 받아들이는 '온돌'이라는 것은 그 구조로 보면 중국의 캉과 흡사하나 방 전체 바닥에 구들장을 모두 깐다는 점에서 다르다. 삼국시대까지는 방안에 벽면을 따라 'ㄱ'자형 구들이 놓이고 아궁이(부뚜막)가 방 안에 놓이며, 굴뚝은 방 밖에 설치되었음을 알 수 있었다. 이러한 'ㄱ'자형 구들은 고려시대부터 아궁이가 방 밖으로 나

가고 방바닥 모두에 구들을 놓은 오늘날의 온돌과 같은 모습으로 발달하여 조선시대로 그대로 이어진 것으로 생각된다. 온돌은 겨울을 나는 공간으로 폐쇄성이 강하고 마루는 반대로 여름이 나는 공간이니 만큼 개방성이 우선한다고 볼 수 있다. 그러나 마루에는 들어열개창을 두어 필요에 따라 개폐가 가능하도록 하였다.

따라서 우리 조상들은 집에 이러한 기능의 마루와 온돌을 둠으로써 고온다습한 여름과 추운 겨울을 지낼 수 있었다. 이는 바로 세계 어느 누구도 흉내낼 수 없는 우리 선조들의 경험에서 우러난 지혜의 소산물인 것이다.

한옥의 재료

한옥은 나무와 돌, 흙 등 우리 주위 어디에서나 손쉽게 구할 수 있는 재료로 만들어졌고 그 어떤 장식이나 꾸밈도 첨가되지 않았다.

일반적으로 고온건조한 지역은 낮에는 온도가 높고 밤에는 온도가 낮아 일교차가 크기에 돌이나 벽돌, 흙처럼 열용량이 큰 재료를 사용하여 낮에는 열을 흡수하고 밤에는 열을 복사시킴으로서 쾌적한 실내를 유지하기 마련이다. 내부적으로는 마루와 구들을 깔고 더위와 추위에 대한 방비를 하고, 외벽은 흙벽을 치고 지붕은 기와나 초가를 덮었다. 자연 속에서 함양된 우리 선조들의 의식은 되도록이면 인공적인 기교나 장식을 피하였다. 있는 그대로의 재료를 가지고 가장 편한 집을 지은

한옥은 나무, 돌, 흙 등 우리 주위에서 쉽게 얻을 수 있는 재료들로 지었다. 따라서 이러한 재료들은 어느 정도 시간이 흐르면 다시 자연으로 돌아가는 자연친화적인 것으로 현대의 콘크리트와는 대조가 된다. 사진은 우리나라에서 가장 오래된 주택이라고 알려진 아산의 맹씨향단.

것이다. 두리둥실한 뒷산과 넓게 펼쳐진 평야를 앞에 두고 주위의 경관요소를 거르지 않는 곳에, 그곳에서 나오는 재료를 사용하여 흐르는 냇물 옆에 아담한 집터를 잡아 집을 지었으니 땅은 기름지고 마음은 가볍고 즐겁기만 했을 것이다. 이처럼 우리의 조상들은 우리 주변에서 가장 손쉽게 구할 수 있는 재료를 가지고 가장 기능적인 구조를 가진 한옥을 만들었다.

　한옥의 기둥을 살펴보면, 일단 재료면에서는 돌로 만든 기둥보다 나무기둥이 많은 편이다. 단면형태에 따라 분류하면 원기둥과 각기둥으로 나눌 수 있는데, 각기둥은 일명 방주(方

柱)라고 불리는 사각기둥이 많이 쓰이고 그 다음으로는 팔각기둥과 육각기둥이 사용되고 있다. 원기둥은 일명 두리기둥이라고도 하는데 인간의 착시현상을 감안, 가운데를 불룩하게 만드는 배흘림기둥을 두는 경우도 있다.

배흘림기둥은 기둥뿌리에서 1/3지점을 가장 굵게 하고 위와 아래로 갈수록 단면을 줄여나가는 방법으로 만든 기둥이다. 이 배흘림기둥을 둠으로써 기둥의 가운데 부분이 얇아 보이는 착시현상을 교정하고 위에 떠받치고 있는 지붕의 중량감과 위압감을 보다 탄력 있고 안정적으로 보이게 하였다. 그 외에도 아래로 갈수록 굵게 만들어 시각적, 구조적 안정감을 주는 민흘림기둥, 아래 위의 단면이 같은 원통형 기둥을 쓰기도 한다.

그러나 조선후기가 되면 사찰이나 살림집에서 기둥의 껍질만 벗기고 나무 그대로인 상태로 기둥을 쓰는 경우도 있는데 이를 도랑주라고 한다.

귀솟음과 안쏠림은 집을 보았을 때 생기는 입면효과를 높이기 위한 방법이다.

귀솟음은 집을 입면상에서 보았을 때에 가운데 기둥을 제일 낮게 하고 양옆으로 갈수록 기둥의 높이를 길게 한다. 이는 양쪽 끝이 처져 보이는 시각적인 착시현상을 자연스러운 추녀곡선으로 잡아주는 방법이다.

안쏠림은 일명 오금법이라도 하는데 양쪽 추녀 마지막 기둥을 세울 때에 기둥머리는 약간 안쪽으로 기둥뿌리는 약간 바깥쪽으로 내밀어 시각적·구조적 안정감을 얻게 한다. 이는 건물을 정면에서 볼 때에 건물의 윗부분이 밖으로 나와 역사다리꼴 형태로 위가 벌어져 보이는 것을 잡아주는 방법이다.

중국의 건축전문서인 『영조법식 營造法式』에서는 위 방법을 각각 생기법(生起法), 측각법(側脚法)이라고 소개하고 있다.

우리 선조들은 주위의 자연재료에 인공을 가하지 않은 상태 그대로를 집 짓는 데 사용하여 한옥의 구조적인 아름다움을 표현하였다.

가구에서 가장 중요한 대들보에도 휘어져 있는 나무를 그대로 사용하였고 서까래를 쓸 때에도 일본의 경우는 치목된 목재를 일정한 간격으로 걸지만 한국의 경우는 휘어진 목재를 그대로 사용하여 자연스러운 곡선을 표현하고 있다.

쓰는 재료가 굽은 것은 굽어진 대로 옹이가 있는 것은 옹이가 있는 대로 사용했기 때문에 직선이면서도 직선이 아니고 곡선이면서도 곡선이 아닌 자연의 생명력을 그대로 표현하였다. 구조체가 드러난 마루는 한 치의 오차도 없는 기하학적인 구성이 아니라 비뚤어지고 틈이 있는 매우 자연스러운 선들로 구성되어 있다. 이는 나무라는 재료를 다룰 줄 몰라서가 아니라 자연의 다양함과 변화를 그대로 받아들이려는 포용성이며 언뜻 보기에는 완성된 완결미가 부족한 듯하지만 실제는 완결 이상의 치밀함이 있는 것이라 할 수 있다.

이러한 의식은 초석이나 기단에서도 볼 수 있다. 민가의 경우는 진흙을 쌓아 올려 만든 토축기단을 쓰거나 크고 작은 자연석을 맞춰가면서 쌓은 자연석 기단을 쓰는 경우가 많다. 초석도 막돌을 사용하는 덤벙주초를 놓고 거친 면이 기둥과 맞닿는 면의 굴곡에 맞도록 그랭이질을 하였다.

지붕의 경우에는 신분이나 재산여력에 따라 기와나 짚을 그 재료로 사용한 것에 비하여 벽은 부귀와 상관없이 거의 흙벽을 치고 있다. 에너지가 점점 고갈되어 위기감이 서서히 고조되고 있는 요즘같은 때에는 열손실이 적으면서도 상대적으로 쾌적한 환경을 만들 수 있는 흙의 장점은 그 재료채취의 용이함과 아울러 가장 대중적이고 일반적인 재료임을 의심할 여지가 없다. 아울러 흙은 단열효과나 축열성능이 뛰어나 추위와 더위의 차이가 심한 지역뿐만 아니라 항시 덥거나 추운 지역에서도 쓸 수 있는 탁월한 재료이다. 다시 말해 우리나라와 같이 습기가 많은 기후조건에서는 추위나 더위에 대한 조절기능, 습도조절, 통풍, 환기 등의 기능까지 갖추고 있는 좋은 재료임에 틀림이 없다.

흙으로 벽을 치고 천정을 만들고 바닥을 까는 것을 원시적인 방법으로 생각하기 쉬우나 실은 우리나라와 같이 사계절의 온도차가 극심하여 급변하는 기후조건에서 가장 쾌적한 주거환경을 이룰 수 있는 방법이 바로 흙을 이용하는 것이다. 즉 여름과 같이 무더운 기후조건에서 흙은 그 열기를 안으로 전

도시키지 않고 습기를 머금고 있다가 햇빛이 들면 내뿜어 자연스럽게 습도조절이 이루어지고, 겨울에는 아무리 추운 기후 조건에서도 햇볕의 온기를 머금고 있다가 방안으로 서서히 전달해주고 밖의 냉기를 집안으로 끌어들이지 않으며 흙이 지니는 함습기능 때문에 벽에 결로가 잡히지 않는다.

사대부들이나 지방 부호층이 집을 지을 경우에도 자기의 위세나 경제규모에 관계없이 집안에 한 채 정도의 초가는 두었다. 신분적으로나 재산규모에 걸맞는 기와집을 지으면서도 일반 민중들이 살고 있는 초가를 한 채 둔 것은 그들과 동질성을 가진다는 상징적인 의미도 있겠지만 실제는 초가가 가지는 건축적인 장점을 염두에 둔 실용적인 의미로 볼 수 있다. 벽돌이나 콘크리트와 달리 토벽은 그 사이로 공기가 통하여 통풍, 환기도 가능할 뿐 아니라 소음차단효과나 강한 태양열 및 자외선을 줄이는 등의 자연기후 조절기능도 갖추고 있는 우수한 재료임을 알았기 때문이다.

에너지파동이후 전 세계적으로 단열에 대한 연구가 활발하게 진행되고 새로운 재료들을 개발하고 있지만, 우리의 선조들은 지역적인 기후에 알맞은 재료를 이미 오래 전부터 사용해왔던 것이다.

조경적인 측면에서도 선조들은 앞마당보다는 뒤뜰을 가꾸어 왔다. 앞마당에 큰나무를 심으면 여름에는 통풍이 잘되지 않고 겨울에는 그늘이 지며 나무뿌리가 집안으로 뻗치거나 담

장에 균열을 일으킬 수 있기 때문이다.

정원을 꾸밀 때에도 중국의 정원이 대자연을 축소하여 웅장하게 꾸미거나 일본의 정원같이 인공적이지 않는 소박함이 그 특징이다. 정원에 심는 나무도 사시사철 늘 푸른 나무가 아니고 계절에 따라 잎이 지고 단풍이 드는 활엽수를 심어 계절의 변화를 느낄 수 있도록 하였다.

한옥은 인공적인 기교를 피하고 우리 주위에서 흔히 볼 수 있는 나무, 흙, 돌 등으로 집을 지었는데 이는 우리들의 소박한 마음을 나타낸 것이다. 사진에서 보이는 소박한 농가의 얼굴이 정겹다.

서양인들이 자연을 정복의 대상으로 삼은 데 비해, 거역할 수 없는 절대적인 것으로 자연을 인식한 조상들의 사고방식은 우리의 생활 어디에나 반영되고 있다. 따라서 서양의 유목문화와는 달리 발전보다는 조화를, 사회모순에 대한 반항보다는 순응이 생활에서 표현된다. 술을 노래하고 신선이 되기를 원하고 슬픔을 하소연하는 것은 세속의 혼란함과 불합리하고 부조리에 대한 저항이라기보다는 차라리 이러한 세속적인 물질세계의 어지러움을 한 단계 승화하고 싶은 의지의 반영인 것이다.

이러한 생각이 한옥에 가장 잘 나타나고 있는데, 서양건축이 시각적·이성적·수량적·직선적인 데 비하여 한옥은 정적·곡선적이고 자연을 느끼게 하는 데에서 그 특징을 찾을 수 있다. 어느 용도에나 잘 적응하고 주어진 자연환경에 순종하며 남을 해치지 않고 자기가 의욕하는 바를 가미하기보다는 있는 그대로를 재현하려는 마음을 가장 잘 나타내고 있는 것이다. 이렇듯 재료의 특성을 최대한 살리려는, 이른바 무기교의 기교가 한 치의 무리도 없는 부드러운 곡선의 조화와 여유로운 품위를 한옥에 나타나게 했다.

결국 나무와 돌, 그리고 흙이라는 1차적인 재료를 이용하여 만들어진 한옥은 집 주위의 자연적인 요소를 이용하여 삶을 담는 공간을 만들었고 이 속에서 선조들의 심성을 고취시켰던 것이다. 이러한 재료를 바탕으로 인위적인 기교는 최소한으로 절제한 본연의 특성을 나타내어 자연과 대립하지 않는 부드러운 조화를 이루게 하였다. 이 모든 것이 한국인의 넉넉한 마음자리를 보여주는 한옥의 풍경이다.

한옥의 터 잡이

1960년대에 우리나라는 사회가 급속히 발전한 덕택에 농어촌과 도시간의 지역격차가 엄청나게 커졌고 이로 인해 발생한 도시의 과밀화와 농어촌의 과소현상은 오늘날까지도 이어져 그 상태가 심각하다. 영국 같은 나라에서 200년이나 걸렸던 도시인구 집중률이 우리나라의 경우에는 30년 만에 이루어졌을 정도로 성장의 속도가 급박하였다. 이러다 보니 갑자기 늘어나는 인구를 감당하기 위한 도시계획이나 주거계획 역시 사전에 계획되지 못하고 그저 무질서한 팽창만을 거듭한 것도 사실이다. 우리들이 살아가고 있는 터는 단지 '살아야 한다'는 1차적인 목적만을 위한 것이 되어버렸고 주위의 환경 역시 엉망이 되었다. 이러한 환경에서 이웃이라는 개념은 사라져 버렸고 우리들이 살아가고 있는 터는 황금알을 낳는 거위로 변해 복을 건지려는 졸부들의 투기대상이 되어버린 지 오래이다. 언제부터 우리에게 이러한 생각이 지배했는지는 알 수 없지만 적어도 이 땅에 살았던 조상들이 가졌던 '터'에 대한 생각은 이런 면에서 우리에게 많은 교훈을 주고 있다.

옛날 우리들의 조상들은 몸소 익힌 학문을 현실에 반영하는 것을 궁극적인 목표로 삼았는데, 이것이 불가능할 때는 좋든 싫든 벼슬에서 물러나 향리로 돌아가는 것을 당연한 것으로 여겼다. 이것만이 현실정치의 혼란으로부터 초야에 묻힐 수 있는 유일한 방법이었다. 그러면 옛날 그들이 벼슬에서 물러나 머물기를 원했던 곳은 어떠한 모습을 가지고 있을까?

선조들은 그들의 거주관에 적합한 거주지를 찾아 새로운 마을을 정하는 것을 복거(卜居)라고 하였다. 우리들이 가끔 기차나 고속버스를 타고 가다 만나는 도로변의 마을들은 별개지만 시골길을 걷다가 만나는 마을들은 어떤 규모든지 하나의 일관된 특징을 가지고 있다. 사람이 살아가고 있는 '삶의 터'로서의 마을은 우선 주위의 자연과 조화 내지는 동화할 수 있는 곳에 있다. 이는 인간이 자연에 순응한다는 뜻도 되지만 자연의 일부로서 존재한다는 뜻도 된다. 예로부터 마을터는 제멋대로 엎어져 있는 것 같지만 실은 산세라든지 주변의 시냇물, 그리고 동구 앞 바위까지도 고려한 자연의 생태적인 질서의 바탕 위에서 나온 것이다. 주위의 산세들과 잘 어우러지는

집터를 고를 때에는 자연과의 일체를 원하는 신선사상을 따랐는데, 이는 인간의 정신을 고르게 하고 정화시키는 기능이 있다고 생각했기 때문이다. 집 뒤로는 대나무의 절개를 닮고싶은 선비의 정신을 담아 대나무를 심기도 했다. 경남 밀양의 내진마을.

마을은 뒤로는 산을 배경으로 하고 앞으로는 들판을 두며 그 산어귀에 자리 잡고 있다.

사람은 본능적으로 황량한 들판에 놓이면 불안감을 가지게 되어 산으로 둘러싸인 폐쇄된 공간, 즉 아늑한 곳을 찾으려고 한다. 이 아늑한 곳이 바로 공간감이며 전통적인 방법론에 따르면 '국(局)이 열린다'고 한다. 선조들이 원했던 마을의 터 잡이를 일명 사상(四相)이라 하여 좌청룡(左靑龍), 우백호(右白虎), 전주작(前朱雀), 후현무(後玄武)라 하는데 마을은 뒤로 산을 등지고 앞으로는 툭 트인 공간에 호수나 연못이, 그리고 좌측에 흐르는 물이 있고 우측에는 지나가는 길이 있는 곳을 이상적인 터로 생각하였고, 풍수상으로도 이를 최고의 길지로 여겼다. 풍수 역시 자연을 항상 변화하는 생명이 있는 것이라 보고 이것의 생태를 명확히 파악하여 인간이 살 만한 곳을 가리고 자연의 생태에 인간이 살아가는 방식을 조화시키려는 학문이었다.

우리나라의 민중들에게 오랫동안 전수되어온『정감록 鄭鑑錄』에 보면, 오랫동안 구전되어온 길지의 개념을 십승지지(十勝之地)로 실제의 지명을 들었는데 이곳이 대개 한강 이남에 위치한 곳으로 세 면이 급경사로 둘러싸여 있으며 나머지 한 면이 병목같이 좁은 통로로 도읍지에 연결되어 있어 피난과 은둔의 최적지로 여겨지고 있다.

이러한 곳을 우리들의 선조들은 이상향이라 여겨 사람들이 살기에 알맞은 곳(可居地)과 여러 가지 조건상 사람들이 살지 말아야 할 곳(不可居地)을 구분하였는데 특히 조선후기의 실학자들은 이것에 대해 구체적으로 적고 있다.

이익(李瀷)은 초야에 묻혀 자중하는 선비로서 향리사람들로부터 학덕을 존경받아 문벌과 같은 대접을 받는 곳이 초야에 묻혀 자중하는 선비의 낙토라고 했고, 선비가 살지 못하는 곳으로는 입을 의복과 음식이 부족한 곳, 무(武)가 우세한 곳, 사치풍습이 퍼지는 곳, 시기심이 많은 곳을 꼽았다.

다산 정약용(茶山 丁若鏞)도 "나는 사람이 살아가는 이치를 논할 때 먼저 불과 물에 대하여 살펴보는 것이 마땅하다고 여긴다. 그 다음이 오곡이고 그 다음은 풍속이며 그 다음은 산천의 경치이다. 물과 나뭇길이 멀면 인력이 너무 소모되고 오곡이 갖추어지지 않으면 흉년을 자주 만나게 된다. 풍속이 문(文)을 숭상하면 말이 많고 무(武)를 숭상하면 다툼이 많으며 이익을 숭상하면 백성들이 간사해지고 경박한 무리가 농사만 힘써 지으면 고루하고 독살스러워지며 산천이 탁하고 좋지 못하면 백성들 중에 뛰어난 자가 적고 마음씨도 깨끗해지지 않는다."라고 하며 물 길어 먹고 나무를 하여 때기 좋은 곳, 오곡이 풍성한 곳, 풍속이 아름다운 곳, 산천이 수려한 곳을 인간이 살아야 할 곳으로 들고 있다.

조선후기 실학자인 이중환(李重煥)도 집터를 선택하기 위한 조건을 비교적 상세하게 기술하고 있다. 그는 집터를 고를 때에 제일 먼저 고려할 것으로 물과의 관계를 들었다. 특히 사대부들의 집터로는 물을 가까이 두고 집을 짓는 것(溪居)을 첫 번째로 꼽았다. 인간의 생활과 불가분의 관계에 있는 물을 얻기 쉬운 곳을 마을 입지로서의 기본적 조건으로 본 것이다. 그는 "우리나라 지세는 동쪽은 높고 서쪽은 낮으며 산은 산골에서 나와 유유하고 한가한 모양은 없으며 항상 거꾸로 말려들고 급하게 쏟아지는 형세가 많다. 그러므로 강을 임하여 정자를 짓는 것은 지세의 변동이 많아 흥하고 쓰러짐이 일정하지 않아 부적당하지만, 시냇가에 사는 것은 평온한 아름다움과 시원스러운 운치가 있고 물대기가 좋아 농사짓는 데 이로움이 있다."고 보았다. 그러므로 바닷가에 사는 것이 강가에 사는 것만 못하고 강가에 사는 것이 시냇가에 사는 것만 못해(海居

不如江居 江居不如溪居) 인간들이 가장 좋아하는 살 터로는 물 가까이 집을 짓는 것을 으뜸으로 꼽았다.

산수는 정신을 즐겁게 하고 감정을 화창하게 한다. 다시 말해 살고 있는 곳의 산수가 좋지 못하면 사람이 촌스러워지고 산수가 좋은 곳은 생리가 박힌 곳이 많다고 하였다. 사람이 자라처럼 모래 속에 살지 못하고 지렁이처럼 흙을 먹지 못하는 것처럼 한갓 산수만 취하면서 살 수는 없기에 기름진 땅과 넓은 들에서 지세가 아름다운 곳을 가려 집을 짓고 사는 곳이 좋다 했다. 산의 모양, 기개 등을 보고 명산으로 여겼던 곳을 우리 선조들은 학문을 하기 위한 유·도교적인 은거의 장소, 자연과의 화합에 의한 풍류의 장소, 선인이나 도인이 되기를

집터를 고를 때에는 뒤로는 산이 둘러싸여 있고 앞으로는 넓은 터가 있고 옆으로는 흐르는 물이 있는 곳을 길지로 잡았다. 이는 자연의 재해를 막고 농사에 이로움을 얻고자 함이었다. 경북 성주의 한개마을.

흠모하는 이상향의 장소, 자연과의 일체를 염원하는 신선사상의 실현을 위한 입지로 택하였음을 알 수 있다. 그러나 맹목적으로 이러한 자연조건을 취한 것은 아니다. 이러한 자연환경을 고른 것은 인간의 내면에 바탕을 두고 판단한 것으로, 인간의 정신을 고르게 하고 정화시키는 기능이 있는 것으로 보았기 때문이었다.

이중환은 물을 가까이 두고 생긴 마을의 예로 태백산과 소백산 아래와 낙동강 상류에 위치한 경북 예안의 도산(陶山), 안동의 하회(河回)와 내 앞[川前], 그리고 봉화의 닭실[酉谷]을 들고 있다.

안동의 하회마을은 낙동강이 마을을 감싸 흐르고 있어 붙여진 이름이다. 퇴계 선생의 후손들이 살고 있는 도산마을은 큰 내를 중심으로 상계, 하계, 계남마을로 나뉘어 있고 의성김씨들의 집성마을인 천전(川前)마을도 순수한 우리말로 '내 앞'이라 하여 반변천을 앞에 두고 있는 마을이다. 또 묘골마을로 알려진 순천박씨들의 집성마을도 속칭 '파회'라 하는데, 이는 마을 뒤의 낙동강이 굽이치는 모양을 따라 그렇게 불리는 것이다.

선조들은 이렇게 명산이 있고 맑은 계곡물이 흐르는 곳에 자리를 잡아 마을을 이루었다. 깊은 계곡, 즉 강의 원류인 심산유곡에 자리 잡은 것은 우리 민족의 뿌리사상인 도교의 은

한옥은 외부적으로는 폐쇄적이지만 안은 열린구조이다(外閉內開). ' '자 집처럼 사랑채와 안채의 구획이 확실하지 않은 경우에는 내외담을 설치하여 의식적으로 구분하기도 하였다.

둔사상 때문이기도 하지만, 관직에서 물러나면 고향으로 돌아와 생활할 수 있는 터를 소유할 수 있었던 까닭도 있었다. 당시에 이러한 사상적인 밑바탕이 된 것은 주자의 성리학 사상으로, 사대부들은 그의 생활태도를 답습하였다. 그들은 주자의 정사경영을 본받아 산수를 벗할 수 있는 곳에서 학문을 탐구하고 제자를 길렀으며 때가 오면 세상을 올바르게 잡아보기 위해서 벼슬길에 나서기도 했다. 배운 것을 가지고 세상을 밝히고 바르게 살 수 있을 때에만 학문이 빛난다고 믿었기 때문이다.

물이 유유히 흐르면서 바다나 호수처럼 펼쳐 택지를 감싸주듯 흘러가는 것을 귀객(貴客)이라 일컫는데, 물소리는 청명하게 맑아서 사람의 마음을 씻어주어야 하는데, 처절한 듯한 소리를 내는 곳은 좋지 못하다고 여겼다.

특히 이러한 곳은 령(嶺)에서 멀리 떨어져 있지 않아 평시나 전시에 상관없이 오랫동안 살기에 알맞은 데 비해 이른바 명산은 신선과 중이 살기에 맞고 한때의 유람에는 좋으나 집을 짓고 살 곳은 아니라고 보았다. 따라서 지형적으로 이러한 계곡이 발달한 지방은 다른 지방보다 사람들의 거주지 형성에 유리하다고 보았다.

굳이 실학자들의 말을 빌지 않더라도 인간의 주거지를 정할 때에 물과의 관계를 고려하였음은 두말할 나위가 없다. 물은 인간의 생존에 필수불가결한 요소일 뿐만 아니라 풍요로움을 나타내기 때문이다. 물은 마음속의 풍요로움과 여유를 주고 실생활에도 이로움을 준다. 또 흐르는 물에서 느껴지는 아름다움은 마을사람들의 실제적인 풍요로움과 직결되어 내면적인 아름다움을 느끼게도 한다. 이처럼 물을 중시하여 마을을 정한 까닭에 마을이름을 보면 물과 관련된 이름이 많음을 확인할 수 있다. 강(江), 천(川), 하(河), 수(水), 계(溪), 호(湖), 지(池), 포(浦), 진(津), 정(井) 등의 지명이 붙은 곳은 반드시 물과 관련을 맺으며 형성된 마을이다. 그 외의 경우에도 '물(勿)'자는 삼국시대에 물에 해당하던 글자인데, 용이 살았던 곳으로 알려지고 있어 마을의 이름으로도 가끔 쓰이고 있다.

이 같이 산을 생명의 젖줄로 삼고 흐르는 물을 약동하는 힘의 원천으로 삼으며 땅의 정기를 받아 생명을 유지하게 된다는 확신은 한 민족의 운명과 사생관까지 영향을 미쳤으며 풍수설로 체계화되고 심화되어 갔다. 사람들이 살아가는 터로서 선조들이 가장 중요시한 것이 경제적인 면과 인심, 산수 등이 었다. 즉 인간의 가장 기본적인 욕구를 해결할 수 있는 경제적 기반, 이웃과 사이좋게 지낼 수 있는 인심, 인물이 배출되게끔 하는 맑고 빼어난 산수. 이러한 조건들이 우리의 선조들이 살 터를 고르면서 고려한 사항들이다.

원초적인 삶의 터: 초가

옛날 우리가 살았던 집을 생각하면 우선 기억나는 것이 초가집이다. 너그러운 뒷산의 형태가 내려와 초가지붕의 완만한 선을 이루고 있으며, 지붕 위에는 넝쿨박이며 빨간 고추가 얹혀 하나의 풍경화를 만들었다. 어깨동무하고 춤추듯 둘러싼 뒷산 앞으로는 벼가 익는 넓은 들판, 그 사이에 봉긋하게 수줍은 듯 지붕을 이웃하고 올망졸망 기대어 겹겹이 무리지어 서 있는 초가집들이 정겨웠다. 그래서 초가를 보면 어머니의 젖무덤과도 같은 친근감을 느낀다.

치마끈으로 가슴을 조이도록 여미고 그 위에 떠올리듯 정갈하게 받쳐 입은 저고리와 자칫 흐트러질 것 같은 여체의 풍만함을 감추면서 휘어진 선으로 표현해내고 있는 여인네의 옷

과도 같은 멋을 우리는 초가에서 느낄 수 있다. 작위가 가해지지 않은 상태의, 티 없이 맑은 순백색의 은근한 멋을 부드럽고 고요하게 풍기고 있는 것이다. 담백하고 소박함 중에서도 기품을 자아내게 하고 단순함속에서도 복잡한 조화를 찾아볼 수 있는 품격이 느껴진다.

아름다움이야 자연과 생활 사이에 산재한 것이지만 그것이 아름다움으로 우리에게 투영되기 위해서는 재인식의 과정이 필요하듯 인식매체로서의 초가는 충분히 그 역할을 하고 있다고 보아도 무방할 것이다. 초가의 정서는 바로 그러한 생활 속의 아름다움 속에서 우러나오는 것인지도 모른다.

초가는 오막살이로 가난을 상징하기도 하지만 청빈한 생활의 표현으로 쓰이기도 했다. 선조들은 가난 그 자체를 부끄러워하기는커녕 오히려 자랑스럽게 생각하기까지 하였다(君子憂道 不憂貧). 옛날 선비들이 갖추어야 할 조건이 청빈, 절약, 검소 그리고 스스로 만족할 줄 아는 정신이었는데, 특히 청빈은 정신적인 가치관의 이상으로 여겨졌다. 따라서 선비들은 학식과 인덕을 높이려는 인격적인 발전을 위하여 돈을 벌어 풍요로운 생활을 영위하는 경제적인 부유함을 버렸는데, 이러한 선비들의 청초한 생활철학을 대변하는 말이 곧 '초가삼간'이었다.

초가삼간이라는 말에는 '작고 초라한, 그리고 볼품없는 집이긴 하지만 그것에 만족하고 즐거움을 찾는 안빈낙도의 공간'이라는 생각이 배어있다. 그러니 그 속에는 살아가는 사람의 청렴한 마음과 생활이 반영되어 있기 마련이다. 따라서 초가삼간에는 과분한 욕심의 흔적이 전혀 없고 반드시 있어야 할 것만 적재적소에 정갈하게 배치되어 있다.

이렇듯 우리의 주거로 뿌리내린 초가가 언제부터 만들어졌는지에 관한 것을 확인할 길은 없지만 당시 중국의 기록에 보면 "백성들의 거처는 초옥을 움집처럼 지어서 외형은 마치 무덤같고 출입구는 지붕위에 둔다(居處作草屋土室 形如塚 其戶在上)"라는 구절이 있다. 여기서 보면 당시 집의 지붕이 자연에서 채취할 수 있는 억새나 띠를 이용했을 것이고, 주거형태는 수혈주거에서 약간 발전된 반수혈주거, 즉 수혈주거이기는 하나 그 벽면이 지상에 올라와서 지붕 처마 끝은 지표에 닿지 않은 형태였을 것이라 짐작할 수는 있다. 이러한 집을 외부에서 보면 무덤과 같이 생겼고 안에서 보면 문이 위에 있는 것처럼 보였을 것이다. 또 『구당서 舊唐書』 고구려조(高句麗條)에 기록된 "그들은 대개 산에 집을 지었는데, 절과 사당, 신묘, 궁실만이 기와를 쓰고 나머지는 대개 띠로서 덮는다(其所居必依山谷 唯佛寺神廟 及王宮官府 乃用瓦 皆以茅 葺舍)."라는 구절에서 원초적인 주거로서의 초가를 확인할 수 있다.

초가는 기와가 지붕재료로 쓰이기 시작했던 삼국시대 이전까지는 일반적이었던 재료로, 짚이나 억새 또는 띠풀로 지붕을 이은 집을 통칭하는 말이다. 초기에는 띠풀이나 새를 지붕재료로 사용했으나 우리나라의 농업생산의 변혁이 오는 고려

초가는 농사의 부산물을 가지고 농한기를 이용하여 제작했기 때문에 큰 부담이 되지 않았을 뿐 아니라 단열 등 환경조절 면에서도 우수했다. 뒷산의 형태를 그대로 빼닮은 초가지붕의 선에서 자연에 어긋남이 없이 순응하려는 생각을 읽을 수 있다.

말부터는 짚으로 바뀌어졌으리라 짐작이 된다.

초가는 지붕의 재료가 가벼워 구조체가 굵지 않아도 되고 단열이 잘되기 때문에 여름에는 더운 기운을 차단해서 시원하고 겨울에는 차가운 기운을 막아 온기를 유지할 수 있게 하였다. 또한 농사를 짓고 남은 부산물을 이용하기 때문에 초가의 재료는 주위에서 손쉽게 구할 수 있고 값싸게 공급받을 수 있는 것이었으며 농한기를 이용하여 제작된다는 이점도 가지고 있다.

초가를 지을 때 가장 고민하는 부분은 지붕의 물매를 잡는 것이다. 물매가 급하면 바람과 면하는 면이 넓어 불리하고 너무 느리면 빗물이 잘 흘러내리지 않아 썩기 쉽기 때문이다. 이런 점을 고려하여 지붕의 물매를 결정하게 되는데, 물매를 잘 잡으면 비가 오거나 눈이 녹아도 짚의 결을 따라 흘러내려와 잘 새지 않는다.

대개의 초가는 그 집이 있는 주위의 산세에 따라 영향을 크게 받은 까닭에 가장 원초적이며 유연한 한국적인 선이 표현되어 있다. 초가의 선에서 승무의 저 슬프고 괴로운 마음을 억누르는 율동이, 저고리의 소매깃이 연상된다. 초가는 한국인의 생활 속에 깃들어 있는 과거의 잃어버린 정취를 느끼게 하고 우리의 지나간 것에 대한 짝사랑과도 같은 그리움을 형태상으로나 정신적으로 가장 완벽하게 간직하고 있기 때문이다. 자연조건과 민족성에 의해 길러진 한국인의 이러한 미의식은 초가의 지붕선을 통해서도 추정할 수 있는 것이다.

제주도의 초가. 바람이 많은 이 지역의 특성상 지붕면의 길이가 짧고 낮게 지어 자연환경에 적응하였다. 농사소출이 적어 절약하지 않고는 살아갈 수 없는 조건은 안거리, 바깥거리, 모거리라는 이 지역의 특수한 공간구성을 나타내고 있다.

지붕을 초가로 덮고 남쪽으로는 창을 내서 빛을 듬뿍 받아들인다. 창이나 문에 바른 한지는 함습기능이 있어 여름철 습기를 차단하고 강한 직사광선을 여과시켜 어스름의 공간으로 만들어준다. 요사이 창이나 문은 외부의 소리나 빛을 차단하는 기능을 하고 있지만 한옥의 창이나 문은 닫아도 집 밖의 풀벌레소리, 빗소리를 들을 수 있는 자연친화적인 구조를 갖고 있기도 하다.

우리가 초가에서 읽을 수 있는 것은 선비들의 청빈사상, 즉 향을 피우거나 초를 밝히지 않고, 잔치를 베풀거나 성악을 듣지 않고, 색이 든 옷을 입거나 가재도구에 칠이나 조각을 하지 않으며 베옷으로 소식을 하는 당시 선비들의 생활철학이었다. 가난한 생활과 최소한의 공간인 초가에서 읽을 수 있는 질서의식 내지는 좁은 공간 안에서도 볼 수 있는 가족들 간의 철저한 위계의식 등이 실용과 편의, 그리고 기능만을 수용하여 인간의 생활을 담는 그릇으로서의 기능을 포기한 아파트에서 햄버거로 배불리고 콜라로 목축이며 생활하는 지금의 우리에게 주는 교훈은 무엇인지 생각해봐야 할 것이다.

겨울을 나는 공간 : 온돌

　겨울 긴 밤을 큰방 아랫목에 이불을 펴고 옹기종기 모여 지
내던 때가 있었다. 짧은 겨울해가 기울고 식사를 마치면 우리
는 줄곧 아랫목 이불속을 찾곤 하였다. 그곳은 바로 우리들의
살아가는 이야기와 삶의 체취가 가득 담긴 곳이었다. 그러나
이 땅에 아파트라는 편리한 주거형태가 들어오면서 이러한 풍
경은 빛바랜 사진에서나 볼 수 있는 광경이 되었다.

　요즘 들어 모든 것이 서구화되어 우리 고유의 것을 찾는 것
은 어려운 일이 되어버렸지만 그래도 온돌만은 아직도 우리
주거문화의 한 부분을 차지하고 있다. 구조형식은 구들에서
파이프를 이용한 온수난방으로 바뀌었지만 지금도 고층 아파
트의 바닥은 온돌형식을 취하고 있다.

온돌은 농사를 짓기 시작하고 불을 사용한 신석기시대부터 시작되었고 그 후 시대가 바뀌면서 온돌의 축조방식도 발전을 거듭하여 오늘에 이른 것으로 보고 있다.

온돌은 축조방식이 간단할 뿐 아니라 축조재료인 화강암 및 양질의 점토가 풍부하였고 연료의 채취도 용이하여 원래는 하층계급의 전유물로 시작되

온돌은 우리 민족이 겨울을 나기 위해 옛부터 사용한 방법으로 우리 조상의 우수한 지혜를 엿볼 수 있다. 우리가 지금 살고 있는 집의 난방도 온돌 구조를 현대화한 응용으로 볼 수 있다.

었으나 후에는 귀족계급에게까지 일반적인 난방시설로 보편화되었다.

온돌은 아궁이에 불을 때서 방바닥 밑의 구들을 데워 그 열이 인체에 직접 전달되는 방식이다. 아궁이로 들어가는 불기는 실내를 따뜻하게 하고 연기는 굴뚝을 통해 밖으로 나가게 되어있다. 즉 열의 전도, 복사, 대류를 이용한 한국 고유의 난방방식이었던 것이다.

또한 여름철에는 온돌이 찬 기운을 그대로 유지하여 온돌 위에 앉으면 온돌의 서늘함을 온몸으로 느낄 수 있다. 특히 바닥 자체가 가열이 되기 때문에 쾌적하고 별도의 방열기를 설

치할 필요가 없어 공간의 이용 면에서도 유리하다. 나중에 움집에서 벗어나 지상에 집을 지을 때에도 온돌은 계속된다. 외부에 노출됨으로써 추위의 영향을 더 크게 받은 것이다.

온돌의 역사는 바로 집의 역사이다.

문헌에 의하면 구들이 지금처럼 방 전체에 놓이고 아궁이를 방 밖에 두게 된 것은 고려중기부터라고 한다. 고려시대까지는 빙돌, 화돌, 온기돌, 돌구 등의 이름으로 기록되다가, 성균관의 동·서재를 수리하면서 온돌 5칸을 만들었다는 세종실록의 기록에서 처음으로 '온돌'이란 단어를 확인할 수 있다. 18세기가 되면 제주도에서도 온돌이 널리 보급되었다는 기록이 있어 이때부터 온돌이 우리 주거에 완전히 정착되어 안방과 아궁이, 그리고 부뚜막이 하나의 완전한 시설로 자리 잡았음을 알 수 있다.

중국기록으로는 5세기말에 씌어진 『수경주 水經注』란 책에서 관계산(觀鷄山)이란 곳에 승려 1천여 명을 수용할 수 있는 관계사(觀鷄寺)란 절을 만들었는데 이 절의 밑바닥을 가로세로로 소통이 되도록 돌로 연결하고 그 위를 흙으로 발라 밖에서 지피는 뜨거운 불기운이 온 방안을 덥혀 겨울을 났다는 기록이 나온다. 이 기록이 고구려의 기록보다는 100여 년 앞서 있기는 하지만 이 절이 중국 문화중심지와는 멀리 떨어져 있고 고구려와 접촉이 잦은 국경부근이라는 점에서 고구려와 어떤 연관이 있지 않을까 생각된다.

그러나 중국식 온돌은 방 전체에 대한 전면온돌이 아닌 일부분에만 시설한 부분온돌이었다는 점에서 흥미가 있다 따라서 당시 중국 사람들은 입식생활을 했고 전면온돌을 했던 우리나라 사람들은 좌식생활을 했다는 이야기인데 고구려의 벽화에 나타난 그림을 보면 우리나라에서도 옛날에는 일부 사람들이 입식생활을 한 것을 알 수 있다. 우리나라에서는 조선 중기까지 온돌은 일반 민중들이 선호하는 시설이었을 뿐 지배계층은 온돌을 그다지 선호하지 않았다. 이는 당시 중국이 입식생활을 한 관계로 우리나라 지배층도 입식생활을 선호하였기 때문이라고 추측된다. 다시 말해 노약자나 병자를 위한 공간, 즉 집의 일부분만 온돌을 들이다가 조선 후기가 되어서야 온돌이 일반화된 것이다.

우리 민족의 인정과 접촉본능은 바로 온돌에서 연유한 것이다. 일제시대 한국미술에 관심이 많았던 야나기[柳宗悅]는 그의 책에서 한국인들은 무엇보다도 정에 약하여 한국의 모든 예술은 인정에 넘쳐 있고 우리나라 사람들의 예술적 감각이 뛰어난 것도 바로 이 정에 의한 것이라고 기술하고 있다.

확실히 서구인들과 비교할 때에도 우리나라 사람들은 인정이 많고 정에 약하다. 이규태는 우리나라 사람들의 정을 '접촉본능'으로 표현하고 있다. 부모와 아이들의 정은 말할 것도 없고 아는 사람끼리의 악수도 유난히 그 흔드는 폭이 큼과 동시에 양손으로 상대방의 손등을 잡고 그것도 모자라 상대방의 어깨까지 두드린다. 귀한 물건이나 새롭고 신기한 것이 있으면 눈으로 확인하기보다는 꼭 만져봐야 직성이 풀린다.

이렇듯 우리나라 사람들이 유난히 촉각에 예민한 이유의 상당 부분은 온돌에서 유래된 것이라고 볼 수 있다. 서양에서는 온열기를 통한 난방방법을 취하고 있는 데 반해 온돌의 특징은 열을 직접 피부로 접촉하는 것이기 때문이다. 온돌은 바닥 자체가 가열이 되기 때문에 우리의 생활습관은 될 수 있으면 바닥과의 접촉을 넓히는 방향으로 형성되었다. 이러한 이유로 우리의 촉각이 발달할 수밖에 없었으리라 생각된다.

온돌이 생활에 자리 잡음에 따라 우리 생활의 여러 요소들도 파생되었다. 우리의 양반앉음새, 즉 둔부와 다리를 바닥과 최대한 접촉하는 앉음새는 이러한 온돌습관에서 나온 것이다. 이에 비하여 온돌이 발달하지 않은 일본에서는 바닥과의 접촉을 최대한 차단하기 위하여 꿇어앉는 습관이 생기고 서양은 아예 바닥과의 접촉을 차단한 의자생활이 습관화된 것이다.

또 이러한 앉음새에 맞게 배려한 것이 한복이다. 양복바지를 입고 바닥에 앉으면 무릎부분이 나오고 스커트를 입고 바닥에 앉아도 불편하기는 매한가지이다. 따라서 남, 여 한복 모두 위의 저고리는 몸에 맞추되 바지나 치마의 경우는 온돌에 앉아 생활하는 우리들의 습관을 고려하여 많은 여유를 둠으로써 실용성을 우선하였다 할 수 있다.

서양식 난방구조에서는 침대를 둔 침실이라는 공간이 필요

우리 한옥에서는 아궁이를 두어 취사와 난방을 하면서 부엌을 한 단 낮춰 중층구조로 만들어 위에는 수장공간을 두었다. 여기에는 대개 음식물을 보관하는데 높은 곳에 위치해서 음식물을 오래 보관할 수 있는 장점과 부엌과 가까워 주부들의 동선이 짧아지는 합리성을 엿볼 수 있다.

하게 마련이다. 그러나 온돌환경에서는 이불과 요를 필요한 때에만 펴고 걷기 때문에 방의 공간활용의 효율성이 더욱 높아져 다용도 공간이 될 수밖에 없다. 밥을 먹으면 식당이요, 손님이 오면 응접실이요, 가족이 모이면 거실이고 주부가 작업을 할 때는 작업장이 되고 앉은뱅이책상을 놓고 공부를 하면 공부방이 된다. 그러나 지금의 서양식 가옥구조는 방의 용도에 따라 그 기능을 독립시키다 보니 각각의 방은 하나의 용도만을 위한 단일공간이 될 수밖에 없다. 더구나 넓은 평수의 빌라나 아파트의 경우에는 안방을 두고 그 뒤에 부부침실이라는 독립된 공간을 별도로 두기도 한다.

이러한 가옥구조는 결국 가족끼리 만날 수 있는 기회를 공간적으로나 시간적으로 차단하고 있다. 가령 어린아이가 자다가 무서운 꿈을 꾸어 한밤중에 깨어났을 경우에도, 자기 옆에 있어야 할 어머니는 보이지 않고 차가운 콘크리트 벽과 바닥만을 보게 될 때에 이 어린이는 부모에 대해 어떠한 생각을 하게 될 것인가?

안방을 건너 침실이라는 불가침의 깊은 곳에서 생활하는 부모 밑에서, 즉 자신의 무서움을 주체 못한 어린이가 큰 소리로 울어도 들리지 않는 곳에 부모가 있는 환경에서 자라난 어린이는 비록 서양식 교육시각으로는 주체적이고 독립심이 강한 어린이가 될 수 있을지 모르지만 한국인의 *끈끈한* 가족애는 잃어버리게 될 것이다. 한두 자녀만 두는 요즘에는 어느 집 아이나 남에게 양보할 줄 모르고 자기만을 고집하는 이기적인 인간이 되지 않을까 하는 우려가 생기지 않을 수 없다. 합리적인 주거평면의 발전과 과학적인 난방방법의 발달이야 당연하다고 할 수 있지만, 서양식 주거형식으로 인해 온돌에서 연유된 우리의 *끈끈한* 인정마저 사라지는 게 아닌가 하는 두려움이 요사이에 생긴다.

이러한 온돌의 사라짐은 무엇을 의미하는가?

우리나라에서 온돌은 상당히 고급화된 난방방식인데, 이는 난방과 취사를 겸할 수 있고 그 재는 비료로도 재활용될 수 있는 이점을 가지고 있다. 육식을 하는 서양인들에 비해 채식을 주로 하는 한국인들은 창자의 길이가 길어 체내 혈액이 대부분 상체에 모여 있기에 하체의 체온을 따뜻한 바닥에 앉아 생활하는 두한족열(頭寒足熱)에 적합한 방식이 바로 온돌이다. 온돌 덕분에 따끈따끈한 바닥으로부터 오는 적외선이 우리 몸으로 침투시킬 수 있게 되며 동시에, 창호지를 통한 안팎의 열 흐름은 상쾌함과 개운함을 느끼게 해준다.

그러나 지금과 같이 밀폐되고 단열된 구조에서의 과도한 난방은 상쾌함은커녕 도리어 우리들의 몸과 마음을 지치게 한다. 온돌방의 희미한 등잔불은 화려한 장식등이 대신하고 식탁을 대신하던 앉은뱅이책상은 황학동 골동품점에서나 찾아볼 수 있다. 어른이 앉았던 아랫목은 최신식 가구와 전자제품이 차지하였고 잘못을 꾸짖던 어른들은 그 자리를 비웠다. 옛날에는 마을이 한 가족의 개념으로 남의 집 애들도 야단칠 수 있는 어른들이 있었지만 현재 우리에게는 마음을 줄 수 있는 마을도, 정신적 권위의 상징인 어른도, 그리고 그것을 그리워하고 아쉬워할 마음의 문화도 없어져버렸다. 대신 개인주의에 물들은 체통 없는 어른, 버릇없는 아이들이 핵가족으로 대변되는 가족이기주의 속에서 뒹굴고 있을 뿐이다.

혼정신성(昏定晨省)

옛날 조석으로 어른들을 문안할 때 아랫사람이 요 밑에 손을 넣어 방의 온도를 살폈다는 이야기이다. 하지만 온돌이 파이프를 이용한 난방으로 바뀌면서 그럴 필요가 없어졌다. 그러나 서양식 난방방법이 들어옴에 따라 우리들은 매사에 감정적이고 다혈질적으로 될 수밖에 없는 것은 아닐까? 온열기를 통해 방 안으로 전달된 열 때문에 더운 공기는 위로 올라가고 찬 공기는 밑으로 내려와 머리부분은 항상 열을 받게 되었으니 말이다.

온돌이 사라짐도 아쉽지만 샛노랗게 기름먹인 바닥의 여백과 가로세로 질서 있는 모양의 창과 문, 그리고 윗목에 놓여진 고풍스러운 가구에서 볼 수 있는 질박함이 어우러져 풍기던 기품도 사라졌다. 뿐만 아니라 온돌방 그 속에 담겨있는 우리들의 전통적인 가족관계와 따뜻했던 인정, 그리고 우리들의 모든 생활이 농축된 투명한 결정체와 같은 정신마저도 사라짐은 더더욱 아쉬움이 아닐 수 없다.

위대한 미래는 찬란했던 과거와 접목되었을 때에만 약속된다는 것을 우리 모두 잊고 살아가고 있는 것은 아닌지…….

신과 만나는 공간 : 마루

 내가 살았던 고향의 오뉴월은 유난히도 더웠다.
 그럴 때에 어른들은 항상 삼베적삼을 걸쳐 입고 대청마루
에 깐 자리 위에 목침을 베고 누워 부채로 바람을 일구며 여
름 한낮의 무더위를 달래곤 했다. 앞마당에서 불어오던 서늘
한 한 가닥의 바람이 마루를 통해 대발을 드리운 뒤쪽 바라지
창으로 나갈 때는 바닥의 매끄럽고 서늘한 촉각과 시끄럽게
울어대던 매미의 울음소리와 함께 어우러져 가히 환상적이었
다. 그곳에서 앞마당에서 끓어오르던 삼복열기를 식혔고 자연
을 음미하고 자연에 함양되고 자연을 관조하고자 했던 정신성
을 길렀다. 마루는 그러한 곳이었다.
 나는 마루를 볼 때마다 옥색 치마에 모시적삼을 받쳐 입고

흰 버선에 치마자락을 살며시 끌며 걸어가는 여인이 생각난다. 치마 뒷자락을 살짝 걷어올리며 걷다가 긴 치마의 율동을 간직한 채 툇돌 아래로 사뿐히 내려서는 어머니의 우아하고 청량한 아름다움도 마루에서 연상되는 광경이다.

한없이 단순하고 부드러운 조화미, 어디서나 맛볼 수 있는 정교한 아름다움. 면으로 치장된 벽체와 어우러져 나타내는 여백의 미, 아침햇살을 가득 받아 표현되는 담백한 선의 미, 창살과 창호지의 새하얀 멋과 어우러진, 잘 닦여진 앞마루의 고요한 아름다움. 이 모든 것이 한국인의 정서와 심미안을 나타내고 있는 마루가 보여주는 것들이다.

우리 조상들은 집 앞에는 개울물이 흐르고 그 너머에는 우리의 풍성한 마음새를 닮은 둥그런 산을 등지는 곳에 터를 잡았다. 집 앞으로 자연경관을 음미할 수 있는 더없이 좋은 조건이 된 것이다. 따라서 이러한 주위 조건들을 굳이 마다할 필요가 없었을 것이고, 이 풍경을 집안으로 끌어들여 감상하고 싶었을 것이다. 그것들을 가장 쉽게 안으로 끌어오는 곳이 마루였다.

마루는 지면으로부터의 습기를 피하고 여름의 햇빛을 차단하며 집의 앞뒤 통풍을 위한 기능을 가지고 있다. 주거뿐 아니라 다른 건축물에서도 마루가 사용되면 외기의 완충적 효과를 가져오거나 목조의 촉감과 탄성으로 인해 충격이 줄어든다는 이점을 가질 뿐만 아니라 다른 재료에 비해서 우리에게 정감을 주는 구조로 여겨진다.

마루는 언제부터 시작되었나?

우리나라 주거형태인 한옥의 가장 큰 특징은 마루와 온돌이 공존한다는 것이다. 이들은 오랜 기간 동안 선택과 적응의 과정을 통해 전해 내려왔다 그러나 온돌이 제주도를 제외한 우리나라 전역에서 거의 절대적인 요소로 자리 잡은 데 비해 마루는 민가에서 필수적인 요소는 아니고 그 유형도 지역이나 집의 규모에 따라 달리 나타나고 있다.

온돌이 추운 북방지방의 난방방식이라는 데에는 이견이 없지만 마루의 발생에 대해서는 여러 가지 학설이 분분하다. 가장 일반적인 학설로는 남방전래설로, 마루는 태평양 문화권과 연한 지역에서 발생한 고상주거의 한 방식이 우리나라로 들어왔다는 학설인데 이에 대해서는 일제이후 지금까지 많은 학자들이 동의하고 있다. 그러나 북방전래설을 주장하는 일부 학자들도 있는데, 그들에 의하면 마루는 중국문화와 관계 있는 종교건축과 궁전건축의 모방이라 한다. 이 학자들은 그 예로, 퉁구스족들이 사는 천막 가운데 최상석에는 신성한 공간이 있는데, 이를 가리켜 '말루(Malu)' 또는 '마로(Maro)'라고 부르는 것을 들고 있다. 이 공간은 그 종족의 신령이나 조상의 신주를 모시는 제단으로 또는 가장 신분이 높은 손님이 앉는 귀한 장소를 가리킨다는 것에서 유래한다는 것이다.

우리나라에서 신주를 대청에 모시고 제사를 대청마루에서 지내며 곡식을 담았던 뒤주를 마루에 두는 이유도 마루의 이러한 어원적인 측면과 무관하지 않을 것이다. 뿐만 아니라 집을 짓는 완성단계에서 종도리를 올리고 상량고사를 지낼 때에 대청 위 종도리에 상량문을 적어 가문의 번창을 비는 것도 대청이 집의 중심이 되는 신성한 장소가 되기 때문이다. 신성한 장소에서 파생되어 마루는 종(宗), 곧 조상이나 신령을 뜻하게 되었고 다시 산마루처럼 신령과 맞닿는 정상의 뜻으로 분화해 나갔다. 관청이라는 단어가 마루에서 유래되었다고도 하는데, 이는 아마도 신성한 마루에서 제사와 정치를 베풀었던 고대 신라 때부터 생긴 이름이 아닌가 싶다. 신라시대에 임금을 일컬었던 마립간이나, 후대에 황제를 부르던 폐하, 전하, 각하 등은 모두 그들이 거처하는 공간을 뜻하는 것이니 마루가 귀한 사람의 장소라는 데에는 이론의 여지가 없을 듯하다. 그 외 남방의 고상식에다가 북방 퉁구스 계통의 의례적인 기능이 한국의 풍토와 생활양식에 맞게 진화되어 마루가 발생했다는 학설도 있기는 하다. 가야시대와 신라시대의 가형토기나 오래된 절터 등의 유물이나 유적에서도 마루를 깔았던 흔적이 나타나기도 한다. 이러한 사실들을 미루어 보면 마루는 삼국시대부터 이미 사용되었다고 볼 수 있으나 마루가 나무로 만들어진 까닭에 고증을 찾기 힘든 어려움이 있다.

조선시대에 오면 마루의 발전은 괄목할 만하여 그 용도나 구조기법에 있어서도 상당한 발전을 보인다. 주거건축에서 상류주택의 경우는 말할 것도 없지만 일반 민가 같은 곳에서도 방 앞으로 퇴를 내어 안과 밖의 연결공간으로 쓰기도 하였다.

사찰, 궁전, 서원, 향교, 루 등에서도 외기의 완충적 효과를 꾀한다거나 목조의 촉감과 탄성으로 인해 충격을 덜어준다는 이점 때문에 다양하게 사용되었다.

안과 밖, 신과 인간을 이어주는 매개공간

인간이 건축공간을 창조하는 행위는 자연이나 외부공격으로부터 자기 자신을 보호하고자 하는 은신처를 마련하기 위하여 비롯된 것이었다. 이러한 은신처를 만들면서 외부와 내부가 구획되었고 이로부터 내부공간과 외부공간의 개념이 생겨나기 시작하였다. 하지만 마루가 외부공간인가 내부공간인가

마루는 거주의 개념도 있지만 인간과 신을 이어주는 곳이기도 하여 제사나 상청을 차리기도 한다. 사진은 대구 옻골마을의 종가인 백불고택 사랑채 마루인데 전면에는 둥근기둥, 후면에는 사각기둥, 가운데는 팔각기둥을 두어 성리학적인 철학개념을 마루에 나타내고 있다.

에 대해서는 한마디로 결론내기가 쉽지 않다.

아직도 산간 깊은 곳의 원초형 주택을 보면 마루 없이 직접 방으로 출입하는 것을 볼 수 있다. 그러나 이럴 경우에는 신발을 벗고 신는 데 불편할 뿐만 아니라 물건을 나르는 데에도 상당히 불편하다. 이러한 불편을 해결하기 위해 조그만 쪽마루라도 필요했을 것인데, 이것이 고정식 쪽마루나 툇마루, 마침내는 대청으로까지 발전된 것으로 보인다. 즉 바깥에서 신을 신고 서 있는 공간과 신을 벗고 앉아 있는 공간의 완충지대인 마루는 걸터앉을 수 있는 중간공간이라는 말이 된다.

뿐만 아니라 마루공간은 문이나 벽이 없이 개방되어 있고 설사 있다 하더라도 분합문으로 된 들어열개를 두어 개방성이 우선시되었다. 그러나 이와 동시에 바닥과 지붕이 있어 비를 피할 수도 있으며 거주성이 높은 공간임을 볼 때 마루를 완전한 외부공간이라고도 볼 수 없다. 또 마루는 마당 쪽으로 완전히 개방되어 마당과 유기적으로 엇물리는 공간이 된다. 이러한 내부공간의 엇물림은 건축적인 공간성을 높여주고, 좁고 한정된 내부공간을 외부까지 확장하거나 외부공간이 내부까지 침투할 수 있게 하여 공간의 신축성 또는 탄력성을 높이는 우수한 연결방식이라 할 수 있다. 따라서 마루는 앞쪽 마당쪽으로만 개방되어 있는 것이 아니라 뒷문을 열면 후원과도 연결되기 때문에 상호 관통되는 공간이 된다. 이처럼 마루는 외부와 내부공간을 이어주는 반 외부공간인 동시에 평면적으로는 공간과 공간을 연결하고 두 개의 공간을 이어주는 매개공간으로 볼 수 있다. 즉 안방과 건넛방 혹은 사랑방과 누마루 사이에 위치하여 두 개의 공간을 서로 연결하면서 기능적으로는 중간적인 역할을 하는 곳이다.

또 마루는 인간과 신을 이어주는 또 다른 측면의 매개공간이 되기도 한다. 집 전체를 관장하는 성주신의 성주단지를 모시는 곳도 이곳이고 제사를 지내고 상청을 차리는 관혼상제의 공간과 조상을 모시는 사당이 마루이기 때문이다. 즉, 신과 인간이라는 상·하 개념의 두 존재가 마주할 수 있는 공간이 형성되어야 하는데 이 기능을 담당하고 있는 곳이 마루인 것이다. 마루를 땅에서 떨어지게 한 것은 인간세속을 벗어난다는 상징적인 의미를 가지고 있으며 주거에 있어서 다른 공간들이 전부 막힌 구조인 데 비해 마루는 아래 위를 비워둠으로써 단면상의 상징성을 유도하기도 한다.

선조들은 우주만물의 체계적인 질서는 자연의 섭리이고 이를 거역한다는 것은 인간의 도리를 벗어난다고 생각하였다. 그러므로 자연 속에 인간을 포함시키기 위한 건축적인 방편이 바로 마루를 두는 것이었다. 마루로 오르기 위해서는 신발을 벗어야만 했으니 이는 결국 땅과 분리된다는 개념으로 하늘로 상승하는 새로운 신의 공간이 이루어지는 것이다.

따라서 마루는 수평적으로는 안과 밖을 이어주는 매개공간이고 수직적으로는 인간영역에서 탈인간영역, 그리고 결국은 신의 영역으로 접근하는 공간이다. 아울러 하늘을 향하고자 하는 향천적인 의미와 신을 불러들이는 강신적인 의미를 가지고 있는 가장 신성하고 청빈한 공간으로 또는 주거의 중심위치를 상징하고 있는 핵심적인 공간이 바로 마루인 것이다.

신선이 되기를 기원하는 공간 - 누마루

한옥에서 배치 및 평면을 볼 때 가장 권위 있는 공간이 누마루이다.

누마루는 형태상으로는 고상식이고 기능적으로는 여름에 습기를 피하면서 조망, 휴식을 위한 공간이다. 대청마루가 대개 한 면이나 두 면이 개방되는 데 반해 누마루는 세 면이 개방되어 외부의 수려한 풍광을 집안으로 끌어들이는 공간이 된다. 따라서 누마루가 있는 공간은 안에서 밖으로 바라보는 경관임과 동시에 밖에서 보면 전체 집모양의 수평성과 아울러 수직적인 요소를 제공하는 상승공간이 된다. 따라서 외부에서 보이는 지붕선은 수직과 수평으로 이루어진 지붕에 크기가 다른 합각부분이 전후좌우에 중첩되어 있어 전체적인 조화를 이루는 공간이 되기도 한다.

우리나라의 팔도강산 중 절경이라고 일컬어지는 곳에는 의례 누마루를 둔 정자가 있다. 시원스러움과 개방감을 염두에 두고 지은 누마루는 학문과 우의를 나누기에는 더없이 멋스러운 장소로 주위에는 연못을 파거나 나무를 심어 한층 격을 높이기도 했다. 자연 속에서 자연을 벗삼아 자연의 아름다움을 느끼고 관조하는 것이다.

누마루에 둔 난간은 외부로 떨어지는 것을 방지하는 목적을 가지고 있지만 난간 그 자체만으로도 충분히 아름답다. 대개 머무르는 곳에는 계자난간을 두고 통행을 위한 곳에는 평난간을 두기도 한다. 이처럼 난간은 내부와 외부를 구획하는 장치로 보이지만 사실은 기대어 앉아 외부를 조망하는 곳이기도, 외부의 수려한 광경을 실내로 끌어들이는 곳이기도 하다.

누마루는 안에서 밖을 조망할 수 있는 공간으로 사람뿐만 아니라 햇빛, 달빛, 바람도 함께 머무는 장소이다. 더구나 누마루 앞 연당에 연을 심어 비 오는 날 연잎 위에 맺히는 물방울을 보고 있노라면 세상의 번잡함을 잊고 시간이 정지된 신선의 장소가 된다.

우리 선조들은 돌 하나, 풀 한 포기에도 어떤 격과 생명력을 부여하였다. 특히 자기가 좋아하는 나무나 바위에는 이름을 붙이고 어떤 의미를 부여하기도 하였다. 이러한 생각은 집에도 적용되어 자기가 생각하는 이상이나 주위의 풍경, 또는 선대로부터의 교훈이나 사상을 나무에 새겨 달아주기도 하는데 이를 편액이라고 한다. 누마루 위에 달려 있는 이러한 편액의 의미를 읽음으로써 우리는 주인의 생각을 짐작할 수 있다.

또는 대청 위에 그 집의 내력이나 중수시기들을 기록한 기문(記文)을 두거나, 오언칠구나 좋은 시구 그리고 집안의 행복과 안녕을 기원하는 주련(柱聯)을 기둥에 달기도 하는데 사찰 같은 경우는 부처님의 말씀을 새겨 두기도 한다. 우리 선조들은 집을 짓더라도 집의 당호나 집을 지을 때의 상황이나 마음가짐 또는 살아가는 데 보탬이 될 수 있는 문구 등을 새겨 눈에 잘 띄는 곳에 걸어둠으로써 살아가는 교훈으로 삼았던 것이다.

선조들에게 있어 자연은 만물이 생성하는 절대자로 가장 순수한 이상적 동경체였다. 그렇기에 이러한 자연 속에 인공적인 구조물을 만든다는 것은 극히 조심스러운 일이 아닐 수 없었다. 따라서 이러한 곳에 정자를 만들 때에는 자연을 거스르지 않는 곳에 자연과 어울리는 건물을 지었다. 때문에 이러한 곳에서는 주위의 아름다운 풍광과 어우러진, 차분하고 향기로운 즐거움을 느낄 수 있을 뿐만 아니라 그곳에 사는 사람의 자연관과 인생관도 알 수 있다.

특히 고려 말에 들어온 성리학은 주자의 학설과 함께 그의 특이한 자연관과 정사생활을 통하여 만들어진 무이구곡도(武夷九曲圖)를 우리나라에 전해주었다. 퇴계와 율곡과 같은 성리학자에게 이는 주자학을 파악하기 위한 보다 적극적인 수단이 되었다. 실제 그들은 관직에서 물러나 향리에 머물 때나 제자들을 모아 공부하면서 주자가 운곡에서 행했던 무이정사의 생활을 모범으로 삼았다. 따라서 그들이 이러한 곳에 정자를 만든 것은 유교의 자연관에 입각한 공간적인 실천이라 볼 수 있다. 이는 산의 모양이나 기개를 보고 명산이나 그 지역의 종산으로 여겼던 유역을 우리 선조들은 학문을 위한 은거의 장소로, 혹은 자연과의 화합에 의한 풍류생활의 장소로, 혹은 선인이나 도인이 되기를 흠모하는 이상향의 장소에 입지를 택한 것과 일치하기도 한다.

그들은 깊은 산속 시내가 흐르는 곳에 정자를 지으면서 현실적 피안, 초현실적인 환상, 종교적 피안인 극락정토, 현세발복과 미래 낙원사상을 현실적인 이상향으로 삼았는데 이는 결국 물질적인 풍요보다는 정신우위를, 현실적인 만족보다는 신선사상의 현실적인 구현으로 볼 수 있을 것이다. 결국 인간이 신이 되기를 기원하고 자연과의 일체를 염원하는 신선사상이 담겨있는 것이다. 마루는 곧 이러한 생각과 기능을 담당하는 장소이다.

현대 주거에 있어서의 마루의 개념

하지만 현재 우리가 살고 있는 주거환경에서는 마루가 가지는 기능이나 의미가 점차 상실되어가고 있다. 전통주거에서 마루는 여유공간으로서의 기능 외에도 여러 가지 기능을 가질 수 있는 곳이었으나, 현대주거의 형태적인 기능분화와 가족구성의 변화, 서구식 가치관에 따라 거실이라는 공간으로 점차 대체되고 있는 실정이다.

현대 주거에서 거실이 가지는 기능은 우리 주거에서 마루가 가졌던 기능과는 전연 다르다. 마루가 엄격한 신분관계, 남녀의 구분, 조상숭배 등의 관념적인 질서를 반영함과 동시에 외부의 풍광을 집안으로 끌어들이는 반외부공간인 데 비하여 거실은 가족의 단란과 접객 등의 기능만을 담당하는 명백한 내부공간으로 한정된 것이다. 또한 마루는 비어있는 공간으로 여러 기능을 수용하는 다목적공간인 데 비하여 거실의 기능은 각 기능을 분산한다는 의미를 가지고 있고 놓이는 가재도구 역시 다르다.

한동안 사람들이 거실을 자기의 취향대로 온갖 값나가는 물건들을 들여놓으며 꾸미던 때가 있었다. 그러면서 깨끗한 아파트의 생활수준에 뒤떨어진다 해서 놋그릇과 숟가락, 그리고 대대로 손때 묻은 족보와 가첩 등 윗대부터 내려오던 가재도구들은 몽땅 밖에 버려졌다.

그러나 요사이의 사람들은 다시 옛날을 그리워하며 거실의 전면에 큰 유리판을 끼워 창문식 벽으로 만들고 반닫이와 문갑을 들여놓거나 무쇠화로 이끼 낀 물확을 들여놓기도 한다. 예전에는 우리가 마구 버린 것들이 이제는 청계천 어디에선가 골동품으로 둔갑되어 거래되고 있는 것이다. 유성기며 문짝은 말할 것도 없고 말구유나 마차 수레바퀴 등 불과 얼마 전까지도 가난에 찌들어 보이던 것들까지도 이제는 번듯한 아파트의 장식요소가 되어 거실로 다시 들어오고 있는 것이다.

그러나 설령 이렇게 지나간 물건들을 장식 삼아 거실 가득히 채워둔다 해도 옛날 바람도 머물러가던 마루의 정취를 다시 되살릴 수는 없다. 우리의 마루는 점차 사라져가는 유물이 되고 있다.

조상을 위한 공간 : 사당

옛날부터 동양에서는 제사를 생활에서 가장 중요시하였다. 제사는 조상과 살아있는 후손들과의 만남이며 조상들의 영혼을 위로하고 덕을 기리는 것으로서 민족성의 원천인 조상숭배 사상에서 생겨난 유교적 행동원리이다. 또 시조를 추모하고 조상의 업적을 기리며 조상숭배의 관념을 돈독히 함으로써 일족의 단결을 굳게 하는 역할도 하고 있다.

소위 종(宗)은 조상의 제사를 기초로 하는 사람들의 집단이었고 종법 또한 그 종을 이어 제사를 계승하는 사람을 정하는 것을 목적으로 하는 제도였기 때문에 제사제도는 종족제도의 본질이라 할 수 있다. 천자는 돌아가신 임금님의 신주를 모시고 제사를 행하는 종묘를 세웠고 개인은 가묘나 사당을 두는

데, 이는 선조를 추모하는 조상숭배사상과 은덕에 감사하려는 보본사상에 근원을 두고 있다. 따라서 사당은 조상을 위하는 공경의 공간이고 정성의 마음이 담긴 공간으로서 의례와 행동의 표준이 되는 상징공간인 동시에 불멸의 공간이다.

사당이란 조상과 함께 제사를 지내는 건물로 왕실의 사당은 종묘, 개인의 사당은 가묘, 문성왕인 공자를 비롯한 유현을 모신 향교, 성균관의 사당을 문묘 혹은 대성전이라 한다. 조선시대 선비들은 삼묘(三廟)인 종묘, 문묘, 가묘를 중심으로 의례행위를 하였다.

사당은 엄숙하고 정적인 공간으로 비록 종가에 위치하고는 있으나 그 후손들 개개인의 마음속에 항상 살아있는 듯 받들어졌고, 후손들은 늘 조상의 덕으로 자신이 존재하며 생활하고 있다고 믿었기 때문에 사당은 절대적인 공간으로 여겨져 왔다. 이처럼 사당은 사당 자체에 어떤 성격이 부여되는 것이 아니라 사당에 모셔져 있는 조상의 공간으로서 존재하고 동족마을에서는 정신적인 중심처의 역할을 하는 곳이다.

우리는 흔히 사당과 가묘를 같은 의미로 생각하고 있으나 엄격한 의미에서 사당과 가묘는 구분된다. 사당은 조상이나 옛날 현인을 위한 제사를 지내는 공간을 통칭하는 것이고 가묘는 조상에 대한 제사를 지내는 기능을 가진 곳이다. 또한 엄밀히 말해 사당은 좀더 넓은 의미를 가진 데 비해 가묘는 그 의미가 보다 좁다. 원래 '묘'라는 말은 선조의 신주를 설치하고 제사를 지내는 건물을 뜻하였으나 나중에는 신에게 제사를 지내는 곳도 묘라 하였다. 여기에 '가(家)'자를 붙였던 것은 다른 제사공간과 구별하기 위함이었다.

조상에게 제사를 지낼 때는 조상신을 둘로 나누어 5대조 이상의 선조들에 대한 제사는 사당에서, 고조 이하의 조상들에 대한 제사는 주택 내의 정침에서 지냈다. 그러나 서민의 경우는 그렇게 명확하게 조상을 구분하지 않고 단지 같은 고조의 후손들을 당내라고 인식하여 그들끼리는 모두 8촌간이라고 아는 정도였다. 이는 결국 양반과 서민 간에는 조상에 대한 인식의 범주가 달랐다는 사실을 나타내고 있다. 즉 서민일수록 근친의 조상을 보다 가깝게 인식하고 있었던 것이다.

조선시대에 가묘를 설립한 또 다른 의의는 적장자 중심의

일반적으로 사당채는 집 뒤 제일 높은 곳에 위치해 있는데, 이는 돌아가신 조상을 섬기고자 하는 유교의 가르침을 실천하는 후손들의 바람을 나타낸 것이다.

종법질서 확립을 들 수 있다. 족장이란 개별 가문이 지역적인 신분편제에서 벗어나기 전의 지배자를 말한다. 그러므로 지역적인 신분편제에서 벗어난 집의 의미가 생기면서 족장의 의미는 사라지고 적장자의 의미가 중요시되기 시작하였다.

종손이 가묘를 세우고 조상의 제사를 주제하는 것은 의무인 동시에 특전이었다. 종손을 제외한 일반 자손들은 제사 때에 종가에 가서 제사에 참여하고 제물을 나누어 만듦으로써 서로 도왔지만 따로 묘를 세워 제사를 행할 수는 없었다. 가령 종손의 관직이 낮고 지손의 관직이 높은 경우라도 가묘는 종손의 집에 세우고 또 그가 제사를 주제하였다. 더구나 4대가 지나도 물리지 않고 사당에서 계속 모실 수 있는 불천위(不遷位)는 그 집안의 영광이고 자랑이기도 하였다.

가례에서는 집을 지을 때 먼저 사당을 짓는데 그 위치는 정침의 동쪽이 되도록 하였다. 좌향은 어디로 하든지 문제가 되지 않았으나 전면을 남, 뒤는 북으로 하며 좌는 동쪽, 우는 서쪽으로 정하였다. 이는 가묘의 좌향이 물리적인 절대향보다는 상대향을 더욱 중시하고 있음을 보여 준다. 이것은 많은 주택들이 경사지 또는 뒤가 높고 앞이 낮은 대지에 위치함에 따라 집안에서 가장 신성한 공간인 가묘를 정침보다 높은 위치에 배치하여 승화공간으로서의 가묘의 위계성을 상징적으로 나타내기 위한 것임과 동시에 가묘 전면에 의식공간을 확보하기 위한 배려로 여겨진다. 이는 결국 유학과 유교의 기본골격인 입지질서를 근본으로 하는 가묘나 사당에 곧 하늘과 땅을 이어주는 중심성과 시각적 구조와 정신적 의미로서의 입지성, 인간 활동의 범위를 제어하는 영역성이 부여되고 그럼으로써 죽은 사람의 신령이 산 사람의 생활을 규제하는 공간이 되었음을 의미한다.

사당의 규모는 3칸에 5량집으로 짓는 것이 원칙이지만 형편이 어렵거나 집터가 좁으면 1칸으로 사당을 세우기도 한다. 현재까지 남아있는 가묘의 규모는 정면 3칸이 대부분이나 1칸짜리 사당도 일부 존재하고 있다. 대개의 사당은 맞배지붕에 홑처마를 하고 있는데, 이는 건축물로서 최소한의 조건만 갖춘 것이고 검소하지만 가난하지 않고 여유롭지만 넘쳐나지 않는 절제의 미학을 보여주는 구조라 할 수 있다.

내부는 마루 또는 전돌을 깔고 북쪽으로 4개의 감실을 만든다. 매 감실에는 탁자를 하나씩 놓고 탁자 위에는 신주를 남향으로 하여 북쪽 끝에 놓는데, 신주를 모시는 순서는 서쪽으로부터 고조할아버지 내외, 증조할아버지 내외, 할아버지 내외, 부모이다.

사당의 문 밖에는 두 개의 섬돌을 동쪽과 서쪽에 놓고 사당 주위에 제기를 보관하거나 유물을 보관하는 건물을 두기도 한다. 또한 사당 주위에는 담을 쌓고 앞쪽에 외문을 만드는 것이 예제이나 일부 가묘에서는 담을 두르지 않고 주위를 개방해 놓기도 하였다. 그러나 사당을 지을 형편이 못되는 집에서는 사랑 뒷벽 상부를 터 벽감을 만들어 조상의 위패를 모시거나 방 하나를 사당의 양식에 따라 설치하고 신주를 모시는데 이 것을 사당방 또는 감실방이라 한다. 한편 서민가옥에서는 쌀 이 담긴 작은 단지를 안방의 시렁 위에 모셔두기도 하였다.

한옥이 주는 교훈

현대는 확실히 국제주의와 세계주의의 시대이다. 현대의 사람들은 과거의 그 어느 때보다 하나의 세계가 되기 위한 이상을 가지고 정치적으로나 문화적으로 가까워지고자 하는 노력을 게을리 하지 않고 있다. 그러나 하나의 세계가 되고자 하는 이상은 민족이라는 개념을 바탕으로 구현되어야 한다. 즉 민족을 무시한다거나 희생시키면서까지 실현시킬 수는 없다는 것이다.

세계 수많은 나라들은 각기 그들의 역사를 가지고 있으며 또 그 역사 위에서 고유한 문화를 창조하고 계승해 오고 있다. 따라서 적극적으로 외래문화를 수용해야 할 때일수록 그 민족 문화유산에 대한 주체의식은 더욱 강조되어야 한다. 이 때의 문화적인 주체가 과거의 자기 것만을 고집하는 것이 아닌, 우수한 문화를 섭취하여 소화하고 내면화시킬 줄 아는 미래지향적인 주체가 되어야 함은 물론이다. 그 주체는 다름 아닌 민족이 되어야 한다.

그러나 지금까지 우리가 배운 역사라는 것은 우리 것을 외국문화와 동일한 시각에서 비교하여 일방적인 평가를 하는 것이었다. 다시 말해 그들의 건축은 온갖 수사를 동원한 이론으로 뒷받침하였던 것에 비해 우리 건축의 정체성은 과소평가하고 우리 건축에 작용한 외부의 압력을 과대평가하여 한국건축의 자주적인 발전을 부정하고 서양일변도의 문화사대주의적인 시각에서 기술해 왔던 것이다.

개발이니 새마을 운동을 부르짖던 시절, 우리 조상 대대로 살아왔던 한옥은 마치 못살았던 과거의 거추장스러운 흔적인 양 우리 스스로가 철저하게 외면하였다. 이렇게 가난과 게으름의 상징으로 낙인찍힌 초가는 하루아침에 울긋불긋한 슬레이트로 바뀌고 말았다. 그 후 아파트라는 서구 개념의 공동주택이 이 땅에 들어서게 되면서 전통적인 가치도 콘크리트 더미에 묻혀버렸다. 그 시기를 거치며 우리는 한옥을 까맣게 잊어버렸고, 우리들의 유가적인 삶의 풍요함과 너그러운 정신마저도 스스로 외면하였다. 그와 동시에 최신의 서구이론을 내세워 서양식 주택의 편리함과 합리성을 부르짖었고 상대적으로 한옥의 불편함과 비효율성은 확대·과장하여 포장하였다.

좁은 이 땅에 아파트가 들어선다는 것은 어쩔 수 없는 필연성이라 하겠지만 지금도 고층 아파트의 꼭대기에 패널난방을 하고 요즘 우리 주위에 늘어나는 찜질방이 온돌의 원리라는 것은 무엇을 의미하는 것일까? 또한 한옥에 담긴 정신은 과연 어떤 것이었고 그것이 우리에게 주는 교훈은 무엇이었을까?

서양의 집들이 옥외공간과 옥내공간의 구분이 명확하고 벽과 문으로 물리적, 시각적, 청각적으로 철저하게 구획된 폐쇄적인 구조인 데 비하여 한옥은 방을 쓰는 사람의 많고 적음에 따라 가운데 장지문을 설치함으로써 구획을 대신하였다. 이러한 구획은 체면차림과 의식적인 구획일 뿐 실제는 모두 통하는 열린 구조이다.

우리나라에서는 일본과는 달리 문종이를 안 쪽에 바르는 까닭에 아무리 강한 햇빛이나 달빛도 창을 통과하면 강렬함이 줄어 어스름의 공간이 연출된다. 겨울채비를 위해 문종이를 바를 때에는 국화꽃을 넣어 그 향을 방 안에 가득 채우고 문에 유리를 끼워 혹시나 오실 손님을 기다리는 우리의 인정이 묻어있다.

대청에 앉아 밖을 내다보면 그 사이에 벽체나 창호가 없어 시선은 자연스럽게 외부를 향하게 되며 대청은 열린 공간이 된다. 또 대청 뒤로는 바라지창을 두어 여름에는 시원한 맞바람과 함께 뒷마당과 뒷담, 그리고 뒷산까지도 볼 수 있다. 한지를 바른 문과 창은 서양문이나 창처럼 공간을 구획하고 한

정하는 기능이 아닌, 모든 것을 받아들이고 수용하고 완충시키는 기능을 가진 절제의 공간이다. 강렬한 햇빛도 문종이 바른 미닫이를 통과하면 빛이 엷어지고 달빛은 더욱 어스름해진다. 자연의 공간과 인간의 공간으로 경계를 지으면서도 하늘·햇빛·바람·달빛이 통하게 하여 자연의 풍요로움을 내부 깊숙이 받아들이고 있는 것이다. 집들은 서로 마주보지도 않고 등지지도 않는다. 서로에게 조금씩 양보하면서 앞쪽의 자연환경을 집안으로 끌어들이고 집들 사이에는 골목길을 두어 문을 통해 집들이 연결된다. 집들은 담장을 둘러 구획은 하고 있지만 까치발을 들면 집안을 들여다 볼 수 있어 영역을 표시하는 상징적인 구획이지 실제는 열린 구조이다. 닫혀 있지만 열려 있고, 막혀 있지만 뚫려 있는 것이다.

저녁을 먹은 식구들이 큰 방에 모인다. 아궁이에 불을 잔뜩 지펴 방바닥은 따스하다. 겨울의 긴긴밤을 가족끼리 또는 이웃끼리 이불속에 발을 묻고 우의를 나누었고 서로의 정과 사랑을 온몸으로 느꼈다. 같이 먹고 잔다는 것은 가족과 이웃의 동질성을 확인할 수 있는 좋은 기회가 되었고, 이렇게 가까워진 이웃은 사촌이라 하여 피를 나눈 가족과 별반 다를 것이 없었다.

이처럼 온돌방에서 같이 먹고 뒹굴며 자란 사람들은 '너'와 '나'라는 개체의식보다는 '우리'라는 공동체의식이 발달할 수밖에 없었다. 집안에서 싸우던 형제도 밖에 나가 다른 적을 만났을 땐 공동으로 대처하고 평소에 아옹다옹 싸우던 남매라 해도 누나가 시집을 가면 동생은 허전해 한다.

이렇듯 여러 형제, 남매가 한 이불 속에서 옹기종기 자랄 때에는 서로 다투고 싸우면서도 필요에 따라서는 양보도 할 줄 알고 남을 배려할 줄 아는 끈끈한 가족애가 있었다. 아기가 아프면 자기의 손가락을 베어 그 피를 먹였다는 어머니의 모성도 바로 이 가족 간의 굳건한 공동체 의식에서 비롯된 것이다.

이러한 굳건한 공동체 의식은 오랜 역사를 통해 굳어지면서 우리 민족의 저력이 되었다. 강대국의 옆에 붙어 정치적, 군사적으로 위협을 당했어도 우리의 문화를 간직할 수 있었던 가장 큰 요인이 바로 이 공동체 의식에 있었던 것이다.

한옥이 우리에게 주는 교훈의 첫째는 '우리라는 공동체 의식의 함양'이었다. 너와 내가 아닌 우리라는 의식과 우선 남을 배려할 줄 아는 정신은 현대를 살아가는 우리가 새겨두어야 할 정신이다. 나무 한 그루도 위하고 배려할 줄 아는 정신이 바로 한옥의 마음인 것이다.

이러한 공동체 의식을 가지고 살아온 우리는 나 혼자보다는 남과 같이 어우러져 살아야 한다는 지혜를 가지고 있었다. 농사를 지을 때에나 집안 대소사를 치를 때에도 서로서로 돕는 품앗이라는 전통이 있었고 제사를 지내면 그 음식을 음복이라 하여 이웃과 나누어 먹었다. 자기 조상이 먹었던 음식을 그 후손들이 먹음으로써 피의 흐름을 확인하였을 뿐만 아니라 이웃도 그것을 먹음으로써 이웃끼리의 굳건한 공동체 의식을 확인하는 계기를 만들었던 것이다. 그뿐 아니라 마을의 규범이라고 볼 수 있는 향약에 담긴 뜻도 바로 공동체적인 삶의 방식이었으니, 우리 선조들은 이러한 방법으로 인정을 돈독히 하고 이웃사랑을 실천하였던 것이다.

옛날 우리나라의 모듬살이는 바로 이 공동체적인 생활방식에 의해 구분되었다.

우리들이 살았던 삶의 공간구조에서는 생일 때나 제사 때 음식을 나누어 먹고 같은 우물을 사용하는 10호 미만의 단위를 이웃이라 했고, 농경사회의 협업체로서 공동체적인 생활방식인 품앗이를 하던 범위를 동네라 하였다. 그리고 저축하는 마음으로 돈을 붓다가 급한 사람이 생기면 그 사람에게 부조하는 심정으로 도와준 '계'나 마을의 공동번영을 위한 동제(洞祭)를 같이 지내는 단위인 마을, 그리고 그보다 큰 행정단위로 5일장이 서는 범위면서 애·경사 시 부조를 하는 단위를 고을, 같은 통혼권으로 사위를 맺은 공간범위를 고장이라 하였는데 이러한 나눔은 바로 공동체 의식과 연관되어 구분되던 것이었다. 이러한 모듬살이 속에서 때로는 다투고 선의의 경쟁이 있

한옥은 채와 채로 이루어졌다. 집들의 연결은 트임과 막힘을 적절하게 이용하여 사람들의 동선을 차단하기도하고 유도하기도 한다. 경북 경주의 계정.

을 수도 있지만 일단 자기가 속한 공동체 이외의 집단과 대립할 때에는 철저히 공동대처를 하였다.

이러한 모든 의식구조가 바로 온돌이라는 공간에서 시작하여 집으로, 그리고 마을까지 확대되는 공동체적인 생활문화를 이루었던 것이다.

그러나 우리가 지금 살고 있는 아파트에는 한 가족을 묶을 수 있는 끈과 이웃과 어울릴 수 있는 공간이 마련되어 있지 않다. '우리'라는 가족공동체 생활을 담을 수 있는 공간은 프라이버시라는 개념에 가려 없어져 버렸고, 오직 개인의 공간만이 존재할 뿐이다. 그러니 가족간에 대화가 없어졌고, 대화가 없으니 사랑이 생길 리가 없다. 이웃 또한 없으니 남의 고통을 나 몰라라 하며 방관하고 있다. 어쩌면 우리 스스로는 마음속에 굳건한 벽을 쌓고 남과 어울리는 것을 거부하고 있는지도 모른다.

실아화피(失我化彼)

근대화와 개발이라는 이름 아래 거대한 콘크리트 숲속에 가려진 우리의 한옥은 상업적 이기주의에 침식되고 그나마 보존되어 있는 것조차도 점점 사라지고 있다. 옛것의 사라짐은 그 값어치와 상관없이 우리를 슬프게 하지만 거대한 건물군에 눌려 금방이라도 위압적인 도시의 문명군에 휩싸여 버릴 것 같은 두려움에 안타깝기만 하다.

그러나 그보다 더 아쉬운 것은 한옥에 담긴 우리의 정신도 없어지는 것이다. 우리는 '발전'만을 외치면서 너무나 많은 것을 잃고 있는 것은 아닌지 생각해볼 필요가 있다. 발전은 근대화요 근대화는 서구화고 서구화는 공공의 이익보다는 개인의 성취감을 우선하는 것인데, 그래서 지금 우리가 얻은 것은 무엇인가?

오늘날 세계문화의 흐름은 자기의 고유한 전통문화의 가치를 재발견하여 현재 생활에 활용하자는 데 있다. 이럴 때 자기를 전부 내주고 남에게 무조건 동화하거나 동화하지 못해서 안달하고, 동화하지 못하면 사회적으로 미개인 취급을 받는 문화적인 식민화의 어리석음은 절대 범하지 말아야 할 것이다.

자기문화에 자신을 잃었을 때 문화식민주의가 오는 것이고 자기 역사를 자기 눈으로 보지 못하고 자기 손으로 쓰지 못할 때 민족문화를 상실한 문화적 실향민이 탄생한다. 외래문화의 수용과 섭취에 있어 자기민족의 생활양식과 전통을 되돌아보는 과정 없이, 오히려 자기 자신이 가지고 있던 전통과의 단절을 꿈꾼다는 것은 주인과 객이 바뀌는 문화적인 자학행위이자 정신적인 무국적자가 되는 지름길이다.

지금의 주거가 기술과 기능면에서는 발전하고 성공했다고 만족할지 모르지만, 한옥의 온돌이나 마루가 가지고 있는 과학성, 아니 그보다도 어쩌면 그 속에 담긴 우리들의 깊은 애정을 우리 스스로 잃어가고 있는지도 모른다는 우려가 든다. 역사는 지나간 우리들의 거울이며 현재는 과거가 압축된 현실이라는 것이 바로 이런 이유에서 나온 말일 것이다.

가끔은 앞으로 내가 늙어 살아갈 집에 대해 생각해본다. 좁아터진 도시의 밀폐된 아파트 공간에서 복작복작 살기보다는 고향에 내려가 조그만 한옥 하나를 지어 살고 싶은 것이 나의 바람이다.

내가 태어나고 자란 그곳에 주위 자연을 쏙 빼닮은 집을 짓고, 자연에서 재료를 얻고 사람에게서 지혜를 얻어 공간을 구성하고 기능에 맞도록 가다듬는다. 산이 높아 그늘은 앞마당에 그득하고 흐르는 시냇물 소리가 집안을 메우고 높은 곳에서는 새들이 지저귄다. 안채는 사랑채보다 약간 높게 올려 항상 양명한 기운이 담기도록 한다. 안채 뒤로는 옹기종기 장독대를 두고 그 옆 작은 텃밭에는 상추, 쑥갓을 심는다. 그 뒤 둔덕에는 사시사철 지치지 않는 싱그러움으로 출렁이는 대숲을 만든다. 담은 높일 필요가 없이 사랑대청에서 밖을 볼 수 있으면 된다.

그곳은 치열한 삶의 무게를 비켜난 한적함이 묻어날 것이고, 반백의 머리를 한 나는 살아온 인생을 그 집에서 회상할 것이다. 또한 넉넉함으로 세상을 관조하며 욕심을 털고 마음을 비울 것이다.

앞이 확 트인 한옥의 사랑대청에서
나를 찾아오는 귀한 손이 있으면
칠색 무늬를 수놓은 화문석으로 자리를 펴고 그를 맞을 것이다.
깔깔한 모시한복에 합죽선으로 바람 일구며
국화꽃잎 넣어 바른 문풍지로 세상잡사를 가리고
정성들인 가양주에 갓 뽑은 푸성귀 씻어
뜻 깊은 친구와 밤새 이야기할 것이다.
시 한수에 창이라도 한 가락 뽑을 줄 알면 무엇이 아쉬울까
밤에 듣는 소쩍새 소리는 더욱 정겹고
마루에 쏟아지는 달빛은 지나간 세월을 깨워주리라.
뒷산의 포근함과 앞뜰의 기름진 들판은 어둠 속에 잠시 모습을 감추고
밤이 늦을수록 훈훈하고 무던한 정은 깊어만 간다.
바로 한옥이 주는 넉넉한 마음이다.

滌蕩千古愁 留連百壺飲

천고의 시름을 씻어 흘리자

자리에 앉아 흰 병의 술을 마신다

良宵宜且談 皓月未能寢

좋은 밤 얘기는 길어지고

달은 밝아 잠 못 이루네

醉來臥空山 天地卽衾枕

술이 취해 공산에 누우면

천지가 곧 금침인 것을

(李太白의 友人會宿)

큰글자 살림지식총서 007

한옥

펴낸날	초판 1쇄 2012년 10월 15일
	초판 2쇄 2019년 9월 30일

지은이	박명덕
펴낸이	심만수
펴낸곳	(주)살림출판사
출판등록	1989년 11월 1일 제9-210호

주소	경기도 파주시 광인사길 30
전화	031-955-1350 팩스 031-624-1356
홈페이지	http://www.sallimbooks.com
이메일	book@sallimbooks.com

ISBN	978-89-522-2098-1 04080
	978-89-522-3549-7 04080 (세트)

※ 이 책은 큰 글자가 읽기 편한 독자들을 위해
   글자 크기 14포인트, 4×6배판으로 제작되었습니다.